Bildnachweis:

Busch, Wilhelm M.: Titelillustration zu Franz Grillparzer: Der arme Spielmann. Bertelsmann Club GmbH, Gütersloh. – Seite 157

Bezirksmuseum Brigittenau: Seite 22, 25, 28, 30, 31, 32, 73, 116, 118, 123, 124, 125, 152, 159, 161, 162, 166

Landesbildstelle Wien: Seite 86, 94, 95

Mergl, Ernst: Seite 17, 41, 47, 61, 64, 69, 172, 174, 175, 176, 180, 181, 183, 184

Presse- und Informationsdienst der Stadt Wien: Seite 13

Rastl, Lisa: Seite 136, 141

Szerb-Mantl, Barbara: Seite 139

Umschlag: Mag. Maria Blazejovsky
Satz + Repros: Zehetner Ges. m. b. H., A-2105 Oberrohrbach
Druck: Druckerei Theiss GmbH, A-9400 Wolfsberg
ISBN 3-00-004026-9

Brigittenau

gestern • heute • morgen

Inhalt

Vorwort

Der 100. Geburtstag der Brigittenau im März 2000 ist natürlich Anlass, sich mit der Geschichte auseinander zu setzen. Im gegenständlichen Fall geschieht dies in Form dieses Buches, welches aber auch die Gegenwart sehr genau analysiert und beschreibt sowie einen Blick in die Zukunft versucht.

Gerade die jüngste Vergangenheit hat das Gesicht der Brigittenau, aber auch deren Bedeutung und Wertschätzung in gesamtstädtischer Sicht, extrem verändert. Aus dem einstigen Industriebezirk wurde ein klassischer Arbeiterbezirk, der sich eben in den letzten zehn Jahren zum nachgefragten innerstädtischen Wohnbezirk und begehrten Standort für zukunftsorientierte Betriebe entwickelt hat. 5.500 neue Wohnungen sowie der Millennium-Tower, stellvertretend für viele andere neue betriebliche Objekte im 20. Bezirk, belegen dies sehr deutlich.

Die Brigittenau hat die Chance einer sehr guten Lage innerhalb des Stadtgefüges (Nähe zur City, angrenzend an die Großgrünräume Donaukanal und Donau) sehr geschichte genutzt und durch den Ausbau der Infrastruktur sowie der Grünversorgung eine hohe Wohn- und Umweltqualität geschaffen.

Ich glaube, man kann daher mehr als zufrieden und auch stolz auf diese Entwicklung des 20. Bezirks zurückblicken.

Herzlichen Glückwunsch
zum Geburtstag!

Dr. Michael Häupl, Bürgermeister und Landeshauptmann von Wien

Roland Peter Herold

Die Geschichte der Brigittenau

Als Heinz Conrads einmal in seiner Fernsehsendung „Guten Abend am Samstag“ zu einem Kameraschwenk über Wien vom Kahlenberg sagte: „... und das zwischen dem Donaustrom und dem Donaukanal, der nörd*liche Teil dieser Insel, ist die Brigittenau – einst ein Augebiet und heute ein Teil der Wiener Großstadt – der 20. Gemeindebezirk ...“*, hatte er mit wenigen Worten den geschichtlichen Werdegang dieser Gegend charakterisiert. Es waren nur wenige Sekunden und die Kamera schwenkte weiter, weiter auf die in der untergehenden Sonne liegende Stadt. Der Zuschauer sah kurze Zeit vor seinem geistigen Auge eine Landschaft mit Sträuchern, Bäumen und Wasserläufen, vielleicht aus dem Geschichtsunterricht in Erinnerung – und zur gleichen Zeit die reale Wirklichkeit am Fernsehschirm. Dazwischen aber liegt eine Zeit vieler Geschehnisse – kriegerischer Auseinandersetzungen, zahlreicher Naturereignisse, politischer und kirchlicher Entscheidungen und wirtschaftlicher Überlegungen, die diesen Landstrich prägten.

Die ersten Besitzer und Besatzer

Römer, Babenberger, Schweden, Türken, Habsburger und Franzosen waren im Laufe der Geschichte auf diesem Boden anzutreffen. Sie alle hinterließen Spuren, von denen einige heute noch in verschiedenen Formen zu finden sind. Für die Römer war die Donau die Nordgrenze gegen die Germanen. Sie bauten Straßen, zivile und militärische Stützpunkte und ihre Grenzsoldaten patrouillierten in den Donauauen – wollten dabei auf so manches aus ihrer südlichen Heimat aber nicht verzichten. So legten sie an den Hängen des Wienerwaldes Weingärten an und der gute Tropfen, der seither aus den edlen Trauben gewonnen wird, ist heute noch begehrt.

Die Babenberger, die laut Urkunde schon 976 Markgrafen waren, mussten erst die Magyaren aus unserem Gebiet vertreiben, ehe sie ihr Reich bis an die March ausdehnen konnten. Leopold III. verlegte seine Residenz nach der Heirat mit Agnes von Melk nach „Niwenburg“, was so viel wie Neuburg bedeutete. Um 1108 gründete er das Stift Klosterneuburg, zu dessen Ländereien auch der „Werd“ (alter Name für Insel) gehörte. Heute noch gibt es in Teilen der Brigittenau den „Klosterneuburger Grund“ – Grundstücke, die dem Stift gehören. Wichtig für dieses Inselgebiet war das von König Albrecht II. 1439 erlassene Brückenrecht, das erst den Bau von festen Brücken über die vielen Donauarme erlaubte.

Die Schweden vor Wien

Von der Anwesenheit der Schweden zeugt die Brigittakapelle, die gegen Ende des Dreißigjährigen Krieges von Kaiser Ferdinand III. 1645 gestiftet und unter Kaiser Leopold I. 1651 errichtet wurde. Der Grund war laut Sage eine Kugel, die von den Schweden jenseits der Donau abgeschossen wurde und im Zelt des kaiserlichen Befehlshabers Erzherzog Leopold Wilhelm explodierte, ohne ihn zu verletzen. Eine Sage! – die Reichweite der Geschütze war nicht so groß und es gab nur gegossene Kugeln, die nicht explodieren konnten. Tatsache ist, dass die Schweden Wien von der linken Seite der Donau her vergeblich belagerten und es nach dem Abzug der Schweden als Dank zur Errichtung einer Kapelle (Brigittakapelle) kam. Auch eine Redewendung erinnert an die Geschehnisse des Dreißigjährigen Krieges: *„Ich kenn, schon meine Pappenheimer!“* General von Pappenheim wurde mit seinem Regiment (es war als sehr draufgängerisch bekannt) vor allem dort eingesetzt, wo die Lage fast aussichtslos schien. Diesen Ausspruch soll der Kaiser einmal getätigt haben, als er wieder von einer Erfolgsmeldung von General Pappenheim erfuhr.

Auch die Wallensteinstraße bzw. der Wallensteinplatz erinnern an den

Dreißigjährigen Krieg: Albert Wenzel Eusebius von Wallenstein, Herzog von Friedland war kaiserlicher Generalissimus. Er wurde des Hochverrats verdächtigt und in Eger 1634 ermordet.

Die von Ferdinand III. gestiftete und 1651 erbaute Brigittakapelle

Halbmond und Rundplan

Zweimal haben die Türken versucht Wien einzunehmen: Das war 1529 und 1683. Beide Belagerungen haben das erwünschte Ziel nicht gebracht. Ein Nürnberger Maler wurde 1529 von seinen Stadtvätern beauftragt, einen Holzschnitt von der Belagerung in Wien anzufertigen. In Wien angekommen, kaufte er kurzerhand von einem unbekannten „berühmten" Maler, der die Belagerung erlebt und vom Turm des Stephansdomes einen Rundblick aufgezeichnet hatte, dessen Bild und vollendete danach ein Jahr später den Auftrag. Das so entstandene Werk ist als der bekannte „Rundplan" von Niklas Meldemann bekannt. Ebenso die nach ihm benannte Meldemannstraße.

Ein gleichfalls bekannter Name war Georg Franz Kolschitzky. Er wurde 1640 in Polen oder Armenien geboren (genaue Angaben darüber fehlen in den Archiven), kam nach Wien und betrieb einen Ost-Südost-Warenhandel. In dieser Eigenschaft war er mehrere Jahre im kaiserlichen Kurierdienst tätig, so auch als Kundschafter während der Zweiten Türkenbelagerung. Als Lohn für einen Gang hinter die türkischen Linien erhielt er einen namhaften Betrag, der ihm jedoch zu gering erschien, worauf er vor dem Stadtrat sehr unbescheiden auftrat. Daraufhin wurde er vom Oberkämmerer Daniel Fockhy schriftlich zur Mäßigung aufgefordert. Dennoch bekam er das Haus Haidgasse 8 in der Leopoldstadt und den Titel sowie die Bezüge eines Orientalischen Hofkuriers.

Kolschitzky wurde auch die Gründung des ersten Wiener Kaffeehauses zugeschrieben. Diese Legende hat sich in der Zwischenzeit als haltlos erwiesen. Richtig ist jedoch, dass das ihm zugeschriebene Kaffeehaus „Zur blauen Flasche" erst 1703 von einem Armenier namens Isaak de Luca betrieben wurde. Die Belagerungszone der Türken um Wien war auch auf dem Gebiet der heutigen Brigittenau zu finden. Hier befand sich der einzige Brückenübergang über die Donau, der in der Hand der Türken war. Die Brigittakapelle wurde im Zuge dieser Kriegshandlungen zerstört, jedoch zwei Jahre nach Ende der Belagerung wieder aufgebaut.

Napoleons erste Niederlage

1808 zogen die Franzosen, gestärkt durch ihren Sieg in Regensburg, nach Wien. Einmal schon waren sie in Wien. 1805 schlug eine Vorhut ihr Lager im Augarten auf und durch eine List – *„der Waffenstillstand stehe kurz bevor“* – ließen die Wiener ihre Donauübergänge intakt und sahen von einer verstärkten Verteidigung ab. So kamen die Franzosen ungehindert in die Stadt und besetzten sie. Auch 1808 musste sich die Stadt der französischen Übermacht beugen. Es half nichts, dass man die Brücken nun sicherte, Schanzen verstärkte und die eigene Stadtverteidigung mobilisierte. Napoleons Truppen errichteten große Heerlager jenseits der Donau und auf den Inseln. Verzweifelt getätigte kleinere Kampfhandlungen führten jedoch dazu, dass die Inseln geräumt werden mussten. Schließlich kam es zur Schlacht bei Aspern, bei der Napoleons Armee ihre erste Niederlage hinnehmen musste. Darauf folgte der „Wiener Frieden“ und die französischen Belagerer zogen ab. Wien und Europa atmeten auf und 1815 folgte der Wiener Kongress, der eine Neuaufteilung Europas bringen sollte.

Vom Wiener Kongress zur Revolution

Beim Wiener Kongress waren Monarchen, Minister und Diplomaten aus ganz Europa anwesend. Den Vorsitz hatte der österreichische Staatskanzler Metternich; Castlereagh vertrat die englischen, Nesselrode die russischen und Hardenberg die preußischen Interessen. Auch der französische Außenminister Talleyrand wurde eingeladen, obwohl Frankreich auf der Verliererseite stand. Am 25. September 1814 kamen Friedrich Wilhelm, der König von Preußen, und Zar Alexander von Russland nach Wien. Kaiser Franz I. war ihnen mit großem Gefolge entgegengeritten und die Begrüßung fand unter dem Donner von 1000 Kanonenschüssen in der Nähe der großen Taborbrücke statt. Den Willkommensgruß der Stadt überbrachte Bürgermeister Wohlleben vor einem kleinen Haus, das als Gasthaus diente.

Von diesem Zeitpunkt an war das Haus als „Gasthaus zu den drei Alliierten“ bekannt. Der Wiener Kongress war eine große Veranstaltung, bei der nicht nur verhandelt wurde, sondern auch Vergnügungsveranstaltungen und Bälle auf dem Programm standen. Im Volk war der Ausspruch *„Der Kongress tanzt“* zu hören und auch ein Witz machte die Runde:

> *„Der König von Russland liebt für alle; der König von Preußen denkt für alle; der König von Dänemark spricht für alle; der König von Bayern trinkt für alle … und der Kaiser von Österreich ZAHLT FÜR ALLE!“*

Dem Wiener Kongress, der Wien in den Mittelpunkt europäischer Politik stellte, folgte eine Zeit, in der Adel und Bürgertum ihre Hochblüte erlebten. Es war die Zeit des Biedermeier. Kunst und Kultur wurden gepflegt und auf das Äußere großes Augenmerk gelegt – die Biedermeiermode wurde kreiert. Es war aber auch die Zeit der Industrialisierung. Fabriken entstanden in großer Zahl und die Maschinen ersetzten viele Arbeiter. Wirtschaftliche und soziale Missstände wurden immer fühlbarer, dazu kamen das Spitzelsystem von Metternichs Geheimpolizei und die Zensur. Österreich war zum Polizeistaat geworden.

Dies führte unweigerlich zur Wiener Revolution des Jahres 1848. Sie nahm ihren Ausgang in der Wiener Herrengasse, wo die Polizei auf Demonstranten schoss, führte zur Flucht Metternichs und Abdankung Kaiser Ferdinands, der dem Volk eine neue Verfassung und Aufhebung der Zensur versprach, was er aber nur teilweise durchsetzen konnte. Als noch dazu die Löhne der Arbeiter für Erdarbeiten von der Regierung gesenkt wurden, kam es zu gewaltigen Protesten, die auch unseren Bezirk betrafen. Protestierende Arbeiter und die Sicherheitswache stießen am 23. August aufeinander. Die Arbeiter wurden von der Wache und den herbeigerufenen Garden in die Nähe des heutigen Nordwestbahnhofes getrieben und es kam zu gewaltigen Schlägereien, die blutig endeten. Die Bilanz betrug 18 Tote und 282 Verletzte.

Die Unruhen gingen weiter, wobei sich auch einige Garden auf die Seite der Arbeiter stellten. Inzwischen hatte der Wiener Hof Fürst Windischgrätz zu Hilfe gerufen und bald standen seine Kompanien vor der Stadt. Die Wiener wehrten sich anfangs, so auch am 23. und 26. Oktober in der Brigittenau. Doch die Lage wurde immer aussichtsloser und schließlich hatte Windischgrätz und somit wieder die Regierung gesiegt. Die Waffen mussten abgegeben werden, Ausländer mussten Wien verlassen und Anführer der Aufständischen wurden verhaftet. In der Zeit vom November 1848 bis April 1849 wurden 2.375 Personen inhaftiert. Bei 532 Urteilen wurde in 72 Fällen die Todesstrafe ausgesprochen, davon wurden 25 Todesurteile tatsächlich vollstreckt.

Robert Blum – ein politischer Mord

Mit der Erschießung Robert Blums wurden die Exekutionen am 9. November 1848 im „Brigitta-Waldl", in der nördlichen Brigittenau begonnen. Robert Blum, am 10. November 1807 in Köln geboren, war politischer Schriftsteller und Mitglied der Frankfurter Nationalversammlung. Er war als Deputierter mit seinen Begleitern Julius Fröbel, Moritz Hartmann und Albert Trampusch am 17. Oktober 1848 nach Wien gekommen und beteiligte sich an den Kämpfen, sowohl in Wort und Schrift als auch mit der Waffe in einem Elite-Corps. Nach der Verhaftung wurde ein Militärverfahren gegen ihn eingeleitet, das mit seinem Todesurteil endete. Windischgrätz hatte zwar Bedenken gegen diese Art des Verfahrens, weil Blum als Abgeordneter Immunität genoss. Eine Abschiebung wäre Windischgrätz lieber gewesen. Der designierte Ministerpräsident Fürst Felix Schwarzenberg – Schwager Windischgrätzs – wollte aber ein Exempel statuieren, das die vollkommene Trennung der Frankfurter Einheitsbestrebungen dokumentieren sollte. Auch Baron Hübner, enger Vertrauter Schwarzenbergs und ehemaliger österreichischer Generalkonsul in Leipzig, drängte aus persönlichem Hass auf die Hinrichtung.

Die deutsche Öffentlichkeit war angesichts des politischen Mordes geschockt und empört. Blums Tod wurde ein Symbol für die damalige Hilflosigkeit des österreichischen Parlaments und der Arbeiterschaft eine immerwährende Erinnerung als Vorkämpfer der Demokratie.

Blums Grab befand sich auf dem Währinger Allgemeinen Friedhof, der 1874 geschlossen und 1923 in eine Parkanlage, den heutigen Währinger Park, umgestaltet wurde. Auch ein Denkmal wurde für Blum entworfen, das in der Brigittenau aufgestellt werden sollte, jedoch nie zur Ausführung gelangte.

Hinrichtung Robert Blums am 3. November 1848

Der Ruf nach einem eigenen Bezirk

Die Ortschaften Brigittenau und Zwischenbrücken gehörten bis 1850 zu Niederösterreich . Bis zu dieser Zeit wurde in der Brigittenau amtlich der Stempel mit der Aufschrift: „Gemeinde Brigittenau bei Wien“ verwendet. Dann kamen die Orte zu Wien und wurden der Leopoldstadt angeschlossen. Mit der Donauregulierung in den Jahren 1870 bis 1875 änderte sich das Bild der Brigittenau grundlegend. Auf dem Gebiet der zugeschütteten Donauarme und der Ortschaft „Äußeres Zwischenbrücken“ entstand ein neuer Bezirksteil, den man anfangs als „Donaustadt“ bezeichnen wollte. Doch schließlich kam der Gemeinderat zur Auffassung, dieses neu geschaffene Land an die Brigittenau anzugliedern. Mit der Erbauung der Kaiser-Ferdinands-Nordbahn entstanden bereits einige Fabriken und Werkstätten, die sich nach der Donauregulierung rasch vermehrten. Die Brigittenau wurde ab 1860 ein Wohn- und Industriebezirk. Der dörfliche Charakter verschwand langsam und wurde durch eine Verbauung nach städtischem Muster ersetzt. Dies jedoch galt nur bis zur Höhe Stromstraße. Weiter nördlich blieben die ländlichen Strukturen erhalten. Mit der steigenden Zahl der Fabriken und Gewerbebetriebe sowie dem Bau an Zinshäusern stieg auch die Einwohnerzahl der Brigittenau und es wurde allmählich der Ruf nach einer Abtrennung von der Leopoldstadt laut. Schließlich beschloss der Gemeinderat nach langen Debatten und immerwährenden Vertagungen doch die Lostrennung und am 24. März 1900 wurde die Brigittenau zum 20. Wiener Gemeindebezirk.

Die Ortschaft Zwischenbrücken

Auch wird die Bezeichnung Zwischenbrücken noch oft verwendet, obwohl es diese seit dem 24. März 1900 mit dem Inkrafttreten der Verordnung über den 20. Wiener Gemeindebezirk offiziell nicht mehr gibt. So haben wir heute eine Wachstube “Zwischenbrücken”, eine Apotheke des gleichen

Namens und viele ältere Brigittenauer sprechen noch davon, sie seien in Zwischenbrücken zu Hause. Nach der Frage: *„Wo ist eigentlich Zwischenbrücken?“*, gab eine Bewohnerin aus der Vorgartenstraße folgende Antwort: *„Des is des Grätzl zwischen de Eisenbahnbruck'n und da Donaubruck'n“*, und dann fügte sie noch zur Bestätigung hinzu: *„Des is do eh kloar!“* So klar wie für diese „Zwischenbrücknerin“ ist das nun auch wieder nicht. Wo kommt diese Bezeichnung eigentlich her und was war Zwischenbrücken wirklich?

Es war urprünglich eine Gegend, die zwischen dem Donaustrom und dem mittleren Donauarm – dem Kaiserwasser – lag, wobei zwischen einem Inneren und Äußeren Zwischenbrücken unterschieden wurde. Die Verbindungsstraße zwischen den beiden Ortschaften hatte die Bezeichnung „Durchlaufstraße“. Nicht etwa, dass man hier wegen so mancher lichtscheuer Gestalten durchlaufen musste, vielmehr stammt dieser Begriff von einer alten Bezeichnung eines Donauarmes, der dieses Gebiet durchfloss. Die Straße endete im Norden an der „Großen Taborbrücke“, eine 26 Joch zählende Holzbrücke (Joch = Holzstütze).

1698, im Jahr der Eröffnung dieses Weges, standen hier nur zwei kleine Häuser, nämlich ein Maut- und ein Blockhaus. Letzteres diente der Brückenbesatzung als Unterkunft und wurde später in ein Gasthaus umgebaut. 1769 wurde gegenüber davon eine kleine Kapelle erbaut und dem Heiligen Johannes von Nepomuk, dem Brückenschutzpatron, geweiht.

Im Süden befand sich die „Kleine Taborbrücke“, die wegen ihrer geknickten Bauart auch „Schlamperte Bruck'n“ genannt wurde. Diese Konstruktion war aus mauttechnischen Gründen notwendig. So musste sich jedes Fuhrwerk vor der Einfahrt in die Stadt der Mautkontrolle unterziehen. Diese Brücke befand sich in der Gegend zwischen dem heutigen Straßendurchlass der Nordbahn in der Innstraße und dem Platz „Am Tabor“, wo heute noch das alte Mauthaus zu sehen ist. Die Bezeichnung der Ortschaft, die sich hier entwickelte, erklärt sich aus dieser Situation: Sie lag zwischen den Brücken.

Im Laufe der Zeit siedelten sich immer mehr Menschen in beiden Orts-

Zwischenbrücken mit Johannes-Nepomuk-Kapelle

teilen an, sodass man bereits 1820 eine Einwohnerzahl von 320 Personen verzeichnete. Die meisten gingen einer Beschäftigung als Fischer, Schiffsmüller und Gärtner nach. Natürlich fehlten auch die Gastwirte nicht. Eines der letzten Häuser, das 1859 erbaut wurde und im Volksmund „Lukschandlhaus" hieß, wurde vor einigen Jahren abgetragen. Es trug die Bezeichnung Engerthstraße 134 und stand ehemals an der Durchlaufstraße.

Mit der Eröffnung der Kaiser-Ferdinads-Nordbahn 1837 und ihrer Verlängerung über die Donau zum „Bahnhof am Prater" 1838 siedelten sich in dieser Gegend Fabriken und Gewerbeunternehmen an. Gründe dafür waren einerseits der billige Grundpreis, anderseits die günstigen Transportwege mittels Eisenbahn und Donauschiffen.

1850 kam Zwischenbrücken gemeinsam mit der Brigittenau unter die

Verwaltung der Leopoldstadt und damit zu Wien. Mit der Donau-regulierung in den Jahren 1870 bis 1875 wurde das Äußere Zwischenbrücken gänzlich geschliffen und schließlich mit der Errichtung der k.k. priv. Nordwestbahn 1870 bis 1872 das Bahngelände zur südlichen Grenze von Zwischenbrücken. Bei der Trennung von der Leopoldstadt 1900 kam das verbliebene Gebiet zum neuen 20. Bezirk, wobei die Bezeichnung Zwischenbrücken im Text der Verordnung nicht mehr erwähnt wurde.

Die Lostrennung von der Leopoldstadt

Seit 1850 war die Brigittenau ein Teil des 2. Wiener Gemeindebezirkes und somit an die Beschlüsse der Leopoldstadt und deren Ausführungen gebunden. Mit dem Bevölkerungsanstieg und der damit verbundenen dichteren Verbauung wuchs immer mehr der Gedanke an einen selbstständigen Bezirk, der die Interessen innerhalb der Gemeinde Wien besser vertreten konnte. Bereits im Jahre 1882 wurde ein Antrag zur Schaffung einer selbstständigen „Armensektion Brigittenau“ vermutlich wegen Trennungsbestrebungen vom Gemeinderat abgelehnt. Die im Jahre 1887 eingebrachte Petition des Gemeinderates Franz Bernert war ein Ersuchen, die Abtrennung der Brigittenau von der Leopoldstadt durchzuführen und eine Namensänderung in „Brigittastadt“ zu beantragen.

Dieser Antrag wurde wohl zur Behandlung einem Ausschuss zugewiesen, jedoch verstrichen zwei Jahre, in denen nichts geschah. So sah sich Bernert in einer Interpellation gezwungen, die Frage an den Vorsitzenden zu richten, *„ob er geneigt wäre, die Erledigung dieses Aktes zu veranlassen“* und somit dieses Verfahren wieder in Schwung zu bringen.

In beiden Bezirksteilen kam es in verschiedenen Versammlungen zu heftigen Debatten. Der „Brigittenauer Wählerklub“ trat vehement für die Trennung ein, während sich der „Fortschritts-Klub“ des 2. Bezirkes gegen diese aussprach. Am 20. September 1889 hielt Kaiser Franz Joseph anlässlich der Eröffnung des Türkenschanzparks eine Rede, in der er auch die

Hoffnung ausdrückte, die „physischen Grenzen“ zwischen den Vororten und der Residenzstadt beseitigen zu wollen.

Die seit langem geführten Verhandlungen zwischen den Vertretern der Gemeinde und denen der Vororte bekamen wieder neuen Auftrieb und auch die Brigittenauer versuchten aus dieser Situation einen Nutzen zu ziehen. Bernert und der für die Brigittenauer Interessen gewonnene Gemeinderat Metzler wurden nicht müde, in den Gemeinderatssitzungen laufend Anfragen und Anträge zu stellen, ohne jedoch damit Erfolg zu haben.

Die neue Gemeindeordnung von 1890, die die Eingemeindung von Katastral- und Ortsgemeinden zu den Bezirken 9 bis 19 zum Inhalt hatte, gab den Trennungsbestrebungen der Brigittenauer wieder Hoffnung. Resolutionen und weitere Bürgerversammlungen führten schließlich auch im Gemeinderat zu lebhaften Debatten und Auseinandersetzungen. Neuwahlen zum Landtag 1896 brachten im Leopoldstädter Wahlbezirk beim ersten Wahlgang keine erforderliche Stimmenmehrheit für eine Partei. In der Nachwahl am 6. November entschieden sich 4.584 Bürger für den Spitzenkandidaten Dr. Karl Lueger, gefolgt von Lorenz Müller, Bürger und Bäckermeister in der Brigittenau, mit 4.555 Stimmen, also nur 29 Stimmen weniger! Nun versuchte Lorenz Müller das Trennungsproblem wieder auf die Tagesordnung des Gemeinderates zu bringen, was ihm schließlich 1898 mit einer Petition gelang. Mit der Zuweisung an den Magistrat kam diese Angelegenheit nun ins Rollen.

Der Bürgermeister im „Ockermüller“

Um eine Ausprache mit Bürgermeister Lueger herbeizuführen und ihm auch die Brigittenau zu zeigen, lud ihn Lorenz Müller 1898 in das damalige Gasthaus Ockermüller, Gerhardusgasse 40 ein. In den Geprächen zeigte sich Lueger kooperativ, da ihn Lorenz Müller auch an ein zwei Jahre zurückliegendes „einzulösendes Wahlversprechen“ erinnerte. Das gelöste Gesprächsklima und vielleicht ein „gutes Tröpferl Wein“ brachten den Erfolg. Lueger versprach, sich für die Trennung einzusetzen.

Gasthaus Ockermüller

In der am 27. Mai 1899 eingebrachten Genehmigung eines neuen Landesgesetzes, welches dem NÖ-Landtag vorgelegt werden musste, ging es in erster Linie um die Schaffung eines neuen Statutes und einer Wahlordnung für Wien, wobei die Abtrennung der Brigittenau und Schaffung eines 20. Bezirkes eine formale Handlung war. Im Landesgesetz- und Verordnungsblatt für das Erzherzogtum unter der Enns vom 24. März 1900 heißt es im Artikel IV:

> *„Hinsichtlich der Theilung des bisherigen II. Bezirkes und Schaffung des neuen XX. Bezirkes haben Bürgermeister und Gemeinderath die erforderlichen Verfügungen zu treffen, insbesondere die Neuwahlen in die Bezirksvertretung des neu umgrenzten II. sowie des XX. Bezirkes auf Grund der nach dieser Gemeindewahlordnung anzulegenden Wählerlisten zu veranlassen."*

Dieses Gesetz trat am 28. März 1900 in Kraft und setzte somit einen Schlussstrich bezüglich der langwierigen Verhandlungen über die Eigenständigkeit der Brigittenau als 20. Wiener Gemeindebezirk.

Nachdem in den Jahren 1905 und 1906 das neue Amtshaus nach Plänen des Architekten Karl Badstieber errichtet wurde, übersiedelte die Bezirksvertretung vom Schulhaus Wintergasse 34 (heute Hartlgasse) in das neue Gebäude am Brigittaplatz. Als erster Brigittenauer Bezirksvorsteher wurde Lorenz Müller gewählt.

Die Zeit bis zum Zweiten Weltkrieg

Mit einem großen Festzug wurde die Eröffnung des neuen Amtshauses 1906 gefeiert. Ehrengast der Veranstaltung war Bürgermeister Dr. Karl Lueger, der dem jüngsten Bezirk Wiens alles Gute für die Zukunft wünschte. Zu dieser Zeit fuhr noch die Dampftramway durch die Brigittenau nach Floridsdorf, die jedoch 1910 vom elektrischen „31er“ ersetzt wurde. Lange Zeit waren noch die Beiwagen dieser Dampfstraßenbahn in Betrieb, erst 1956 wurden die grauen offenen Beiwagen aus dem Verkehr genommen. 1910 erreichte die Bevölkerungszahl im 20. Bezirk ihren Höhepunkt mit etwa 101.000 Einwohnern in rund 20.000 Wohnungen.

Döblinger Steg und der Gasbehälter in der Forsthausgasse wurden 1911 errichtet und Sascha Kolowrat drehte in der Brigittenau seine ersten Filme auf dem freien Gelände Marchfeldstraße – Dresdner Straße. 1918 gründete er die „Sascha Film AG“, die den weltweiten Vertrieb von Spielfilmen übernahm.

Ein weiterer wichtiger Punkt in der Geschichte dieses Bezirkes war der Bau der Unfallversicherungsanstalt in der Webergasse. In diesem Haus wurde auch etwas später das von Dr. Lorenz Böhler geleitete Arbeiter-Unfallkrankenhaus untergebracht.

Am 5. Mai 1913 wurde mit den Umbauarbeiten der Kaiser-Franz-Josephs-Brücke begonnen. Dieser 6,23 m breite Donauübergang genügte den

Kaiser-Franz-Josephs-Brücke

Anforderungen nicht mehr. Durch den Ersten Weltkrieg verzögerten sich die Arbeiten, sodass die Brücke erst 1923 fertig gestellt werden konnte. Die Eröffnung der Brücke, die ab nun „Floridsdorfer Brücke" hieß, nahm Bürgermeister Karl Seitz am 25. Juni 1924 vor.

Nach der Bezirksvertretungswahl 1919 wurde in der am 3. Juni konstituierenden Sitzung der Gemeinderat Johann Janacek mit 22 von 30 abgegebenen Stimmen zum neuen Bezirksvorsteher gewählt. Nach ihm ist die im Volksmund als „Kakao-Hof" bekannte Wohnhausanlage in der Engerthstraße benannt, welche im Beisein von Stadtrat Julius Tandler am 23. April 1927 feierlich eröffnet wurde. Diese Anlage wurde auf dem Gelände des ehemaligen Choleraspitals, das ursprünglich als Schulhaus gebaut, später auch als Gendarmeriekaserne diente, errichtet.

In der Schule Wintergasse 34 (heute Hartlgasse) war im Hof das Brigittenauer Feuerlöschdepot untergebracht. Anfänglich wurden die Pumpen- und Spritzenwagen mit Pferden gezogen. Da jedoch kein Platz für die Unterbringung der Pferde war, mussten die umliegenden Fuhrwerker für die

Bespannung sorgen. Wer als Erster mit den Pferden bei einem Löscheinsatz zur Stelle war, bekam eine „Beistellprämie“. Die ersten motorisierten Löschfahrzeuge erhielt die Brigittenau 1925.

In diesem Jahr eröffnete auch die Volkshochschule ihren Betrieb. Sie hatte ihre Kursräume damals in der Mädchenhauptschule Stromstraße. Die erste große städtische Wohnhausanlage war der Winarsky-Hof mit 32 Stiegen und 534 Wohnungen, der 1926 eröffnet wurde. Ein großer Saal war Ort vieler Bildungs- und Kulturveranstaltungen. Später wurde er umgebaut und diente als Kinosaal und wird heute der Zeit entsprechend als Supermarkt genützt.

Winarsky-Hof und Lasalle-Denkmal um 1930

Ein Kinderfreibad am Friedrich-Engels-Platz und die tschechische „Komensky-Schule“ wurden 1928 errichtet und am 16. Juli 1933 eröffnete Bürgermeister Karl Seitz die städtische Wohnhausanlage am Engels-Platz mit 1.467 Wohnungen, die nach dem Zweiten Weltkrieg erweitert wurde. Der

Engels-Platz erhielt 1935 den Namen Pater-Abel-Platz, den er bis 1945 behielt. Auch die Winarskystraße hieß ab 1935 Kolpingstraße und 1938 wurde die Stromstraße zur Feikestraße umbenannt.

Bundeskanzler Kurt Schuschnigg trat am 12. März 1938 zurück und einen Monat später marschierten die deutschen Truppen über die Floridsdorfer Brücke in die Brigittenau ein.

Wohnhausanlage am Engels-Platz

Das Kriegsende

Am 16. Juli 1944 fielen die ersten Bomben auf den 20. Bezirk – am Brigittaplatz wurde das Amtshaus getroffen. Da es in der Brigittenau viele Fabriksanlagen und auch große Bahnhöfe gab, galten diese immer wieder als Angriffsziele der alliierten Bomberverbände, wobei auch viele Bomben auf Wohnhausanlagen fielen: 13. März 1945: schwere Beschädigungen in der Pappenheimgasse … 20 Tote in der Raffaelgasse 30 … 22. März: Brigittakirche und Pfarrhof schwer getroffen … 25. März: Tote in der Burghardtgasse – und der Krieg wurde immer schrecklicher.

Die Rote Armee rückte unaufhaltsam näher und die Kampflinie schob sich immer mehr in Richtung Donau, worauf schließlich General Rudolf von Bünau, der Kommandant für den Verteidigungsbereich Wien, den Rückzug befahl. In der Nacht vom 13. auf den 14. April setzte sich die 2. SS-Panzerdivision über die Donau ab und sprengte die Floridsdorfer Brücke. Auch die Nordbahn- und Nordwestbahn-Brücke wurden zerstört. Als einziger Donauübergang blieb die Reichsbrücke verschont, die bis 1955 „Brücke der Roten Armee“ hieß. Die Floridsdorfer Brücke wurde von russischen Pionieren instand gesetzt und bereits im Mai 1946 wieder unter dem Namen „Malinovsky-Brücke“ dem Verkehr übergeben.

1945 – und das Leben danach

Nach dem Krieg galt es viele Probleme zu lösen. An erster Stelle stand das Ernährungsproblem wie auch die Verhinderung von Seuchen. In Parkanlagen und Vorgärten kam es zu provisorischen Bestattungen – und überall musste der Schutt weggeräumt werden. 804 Wohnobjekte, 149 Fabriksanlagen und 59 sonstige Gebäude zählte die Statistik an zerstörten Objekten.

Die damalige „Hilfspolizei“ in Zivilkleidern und mit Armbinden versah gemeinsam mit dem russischen Militär den Ordnungsdienst. Gaußplatz 5 und später Karajangasse 4 waren die damals wichtigsten Adressen: die der russischen Kommandatur. Von ihrem Ja oder „Njet“ hing vieles ab. So ernannten sie auch Ing. Wolf als „Bürgermeister“ der Brigittenau. Seine Amtsdauer währte jedoch nur drei Tage, da die gleich nach dem Kriegsende wieder gegründeten Parteien Karl Michal zum Bezirksvorsteher wählten. Er wurde von der Besatzungsmacht anerkannt und war bis 1954 in diesem Amt tätig. Seine Aufgabe war es, in erster Linie für Wiederaufbau, Beschaffung von Nahrung und Ankurbelung der Wirtschaft zu sorgen. Ruinen und Schutthalden wurden durch die fleißigen Hände der Brigittenauer Bevölkerung in der Hoffnung auf eine bessere Zukunft im Laufe der Nachkriegsjahre beseitigt. Als letzte Kriegsruine stand noch die ehemalige Fabrik Kremenetzky bis in die Sechzigerjahre in der Dresdner Straße. Nach ihrer Schleifung wurde auf diesem Grundstück eine Wohnhausanlage errichtet.

Die erste Nationalratswahl nach dem Krieg war von der provisorischen Regierung unter Dr. Karl Renner für den 25. November 1945 ausgeschrieben worden. Mit einer Wahlbeteiligung von 95,99% in der Brigittenau fielen auf die einzelnen Parteien: 72,03% auf die SPÖ, 20,67% auf die ÖVP und 7,30% auf die KPÖ.

Die Floridsdorfer Brücke als wichtigste Verbindung über den Donaustrom nach dem Norden Wiens wurde am 19. Mai 1946 dem Verkehr übergeben, nachdem sowjetische Pioniertruppen gemeinsam mit österreichischen Arbeitern diese Brücke wieder instand gesetzt hatten. Die feierliche Eröffnung nahmen Bürgermeister Theodor Körner und Sowjetmarschall Lebedenko vor. Die Brücke hieß nun bis zum Abzug der Besatzungsmächte „Malinovsky-Brücke". Nach den ersten Heimkehrertransporten erzählte man sich folgende Anekdote:

> *„Ein Heimkehrer aus russischer Gefangenschaft steigt in den 11er Wagen beim Stadion ein und sagt zum Schaffner: Dieser Wagen fährt ja bei der Reichsbrücke vorbei. Darauf der Schaffner: Das ist die Brücke der Roten Armee. Etwas verwirrt sagt der Heimkehrer: Die Endstation ist doch bei der Floridsdorfer Brücke. Worauf er zur Antwort bekommt: Nein, bei der Malinovsky-Brücke. Er schüttelt daraufhin den Kopf und meint: … dann muss dieser Fluss wohl die Wolga sein!"*

Die Reste der Kriegszerstörungen wurden in den folgenden Jahren zum größten Teil beseitigt und die Bezirksvertretung versuchte gemeinsam mit der Wiener Stadtverwaltung die Grundlagen für ein normales Leben zu schaffen. Das Amtshaus am Brigittaplatz konnte 1951 nach einem schweren Bombentreffer wieder bezogen werden, wobei leider die ursprüngliche Architektur von 1906 der Sanierung zum Opfer fiel – der aufgesetzte Turm und der große, über zwei Stockwerke ausgebaute Festsaal. Auch die Reste des schwerst beschädigten Empfangsgebäudes der Nordwestbahn mussten im September 1952 geschleift werden. Die Schaffung von Wohnraum war eine dringende Notwendigkeit. 1951 bis 1962 wurden die Anlagen Kapaunplatz, Griegplatz, Engels-Platz, die Wohnhausanlagen Treustraße 62 und Jägerstraße 52–56 errichtet.

1954 war für den 20. Wiener Gemeindebezirk ein ereignisreiches Jahr: Wechsel des Bezirksvorstehers, Umbau des Engels-Platzes und das große Hochwasser. Auf Karl Michal folgte Franz Koblizka als Bezirksvorsteher, der dem Bezirk bis 1969 vorstand. In seine Amtszeit fällt der Beginn des Aufbaues der Brigittenau zu einem neuen, modernen Wohnbezirk. Im Mai 1954 wurde mit dem Umbau des Engels-Platzes begonnen, der zum Kreisverkehr wurde. Die Linie O, die bisher in der Dresdner Straße Straße endete, wurde nun bis zum Engels-Platz geführt.

In den Tagen vom 11. bis zum 19. Juli 1945 stieg das Wasser der Donau auf einen Pegelstand von 8,57 m. Ein derartiges Hochwasser hatte die Stadt Wien schon lange nicht erlebt. Auf der rechten Uferseite der Donau war das Wasser über den Bahnkörper der Donauuferbahn getreten und überflutete den Handelskai. Tiefer gelegene Keller waren unter Wasser und Kanäle gingen wegen des Rückstaues über. Die Durchflussmenge wurde bei Nußdorf mit 10.000 m^3/sek. gemessen. Dieses Hochwasser war der Grund für die in den folgenden Jahren beginnende Diskussion über einen absoluten Hochwasserschutz für Wien. Sofortmaßnahmen waren der Umbau der Kammerschleuse und des Nußdorfer Wehres, das die offizielle Bezeichnung Schemerl-Brücke trägt.

Das Jahr 1955 brachte Österreich den lang ersehnten Staatsvertrag. Mit der Unterzeichnung im Belvedere war die 10-jährige Besatzungszeit zu

Ende. Öffentliche Gebäude und Einrichtungen, darunter auch das ehemalige Brigittaspital, die die sowjetische Besatzungsmacht für ihre Zwecke beschlagnahmt hatten, wurden zurückgegeben.

Im Staatsvertragsjahr wurde mit dem Bau der Wohnhausanlage Adalbert-Stifter-Straße, Dietmayrgasse, Engerthstraße, Stromstraße und Kluckygasse 11–13 sowie mit dem Ausbau der Brigittenauer Lände begonnen.

Verwendete Literatur:

Czeike, Felix: Groner Wien-Lexikon
Czeike, Felix: Historisches Lexikon Wien in 5 Bänden
Herold, Roland P.: Brigittenau. Von der Au zum Wohnbezirk
Horn, Alfred: Die Nordwestbahn
Kaiser, Franz: Brigittenau
Kleindel, Walter: Österreich – Daten zur Geschichte und Kultur
Laula-Sterhart: Dampftramway Krauss & Co in Wien
Leitmayer, Ferdinand: Wien um die Mitte des 20. Jahrhunderts
Messner, Robert: Die Leopoldstadt im Vormärz
Österreichisches Verkehrsarchiv: Die erste Wiener elektrische Straßenbahn. Pläne und Beschreibungen
Stiftsarchiv Klosterneuburg: Urkunden, Akte und Bescheide

Regine Wessig
Luzian Paula

Der Wirtschaftsstandort Brigittenau

Die Entwicklung

Wirtschaft um die Jahrhundertwende

Im 19. Jahrhundert lockten die ausreichend vorhandenen Freiflächen, billige Grundpreise und billige Arbeitskräfte Unternehmer in dieses Gebiet. Optimale Eisenbahnanschlüsse durch die Nordbahn, die Nordwestbahn und die Donauländebahn verbesserten die Standortgunst des Gebietes zusätzlich und begünstigten Firmengründungen, vor allem der Metall- und Schwerindustrie.

Ende des 19. Jahrhunderts war der Industrialisierungsprozess weitgehend abgeschlossen und die Brigittenau somit ein wichtiger Standort für Industrie und Gewerbe.

Um die Jahrhundertwende siedelten sich größere Betriebe der chemischen Industrie, der Lebensmittelindustrie und der elektrotechnischen Industrie im Bezirk an.

In der Brigittenau reihte sich ein großer Fabriksbau an den anderen, wie die folgenden Beispiele zeigen:

Metallverarbeitende Betriebe:
Teudloff & Diettrich (Armaturen- und Maschinenfabrik, Dampfkessel, Heizanlagen), Scherb (Friktions- und Exzenterpressen), Rothmüller (Kassen, Blech- und Geschirrwaren), Körting (Maschinenbau), Fischer (Kühler- und Metallwarenfabrik)

Chemische Industrie:
Stearinkerzen- und Seifenfabrik, Oesterr. Asphalt AG., Ölindustriegesellschaft

Lebensmittelindustrie:
Walzmühle Vonwiller & Co, Niederösterreichische Molkerei, Vereinigte Eisfabriken

Elektrotechnische Industrie:
Czeija & Nissl (Telephonfabrik), Kremenetzky (Glühlampen)

Von den gründerzeitlichen Betrieben sind im Gebiet von Zwischenbrücken einige Gebäude bis heute erhalten geblieben:

- Fa. Bertram, Handelskai 100
- Fa. Kromus, Dresdner Straße 107
- Ehemaliges Fabriksgebäude der Fa. Czeija & Nissl (heute Amtshaus der Stadt Wien), Dresdner Straße 73–77
- Ehemaliges Fabriksgebäude der NÖM (heute stillgelegt), Dresdner Straße 45
- Fabriksgebäude der Vereinigten Eisfabriken, Pasettistraße 76 (heute eine Wohnhausanlage)
- Ehemaliger Werkseingang zur Fa. Brema AG (früher Österr. Asphalt AG), Traisengasse 26

Aufgrund der hohen Arbeitsplatzdichte war die Brigittenau auch ein idealer Standort für Gaststätten und Kaffeehäuser. Noch zu Beginn der Vierzigerjahre unseres Jahrhunderts existierten allein in Zwischenbrücken 27 Gasthäuser, 4 Kaffeehäuser und 3 Teestuben.

Industriestandort im Wandel

War der Bezirk zu Beginn dieses Jahrhunderts ein begehrter Standort für Industrie und Gewerbe, so setzte in der Zwischenkriegszeit mit dem Beginn des kommunalen Wohnungsbaues der Funktionswandel hin zu einem Wohnbezirk ein. Dieser Trend hat sich bis heute fortgesetzt und lässt sich anhand der abnehmenden Zahl der Betriebsstätten und der rückläufigen Arbeitsplatzzahlen verfolgen. Von 1930 bis 1991 hat die Zahl der

Beschäftigten insgesamt um rd. 16 % abgenommen und betrug 1991 17.775.

Arbeitsstätten und Beschäftigte nach Wirtschaftsklassen 1930 bis 1991						
	Betriebsstätten			Beschäftigte		
	1930	1964	1991	1930	1964	1991
Energie- und Wasserversorgung	0	2	2	0	88	76
Verarbeitendes Gewerbe; Industrie	2.162	634	259	13.232	9.979	3.395
Bauwesen	151	124	85	1.010	2.042	1.110
Handel; Lagerung	2.359	923	775	4.365	3.913	4.053
Beherbergungs- u. Gaststättenwesen	185	118	175	621	428	536
Verkehr und Nachrichtenübermittlung	245	107	146	824	2.565	2.879
Geld- und Kreditwesen; Wirtschaftsdienste	6	19	204	44	108	874
Persönl., soziale und öffentl. Dienste	313	155	411	1.084	591	4.852
Summe 20. Bezirk	**5.421**	**2.082**	**2.057**	**21.180**	**19.714**	**17.775**

Quelle: ÖSTAT; Arbeitsstättenzählung 1991, Betriebsstätten in Wien 1964, Gewerbl. Betriebszählung 1930

Im Zuge eines Modernisierungsschubes wurden in Zwischenbrücken ab den Sechzigerjahren auf dem Gelände ehemaliger Fabriksanlagen Dienstleistungseinrichtungen geschaffen, die für ganz Wien Bedeutung erlangen sollten:

- Lorenz-Böhler-Unfallkrankenhaus (Donaueschingenstraße)

- Finanzamt (Traisengasse)
- Arbeitsmarktservice (Pasettistraße)
- Berufsförderungsinstitut (Engerthstraße)
- Einkaufszentrum Millenium-Tower (Handelskai)

Auch aus dem Vergleich der Betriebsstätten und Beschäftigten von 1934 bis 1991 nach Wirtschaftsklassen lässt sich eindeutig die Verlagerung der Arbeitsplätze vom Sekundären Sektor (verarbeitendes Gewerbe und Industrie) hin zum Tertiären Sektor (Dienstleistungen) erkennen.

Heute ist man im 20. Bezirk bestrebt, die Wohnqualität zu verbessern, indem man große Fabriken absiedelt – viele Unternehmen sind durch die Raumnot ohnedies gezwungen, den Standort Brigittenau zu verlassen und sich anderweitig neu anzusiedeln – und durch weniger störende Klein- und Mittelbetriebe oder emissionsfreie Dienstleistungsbetriebe zu ersetzen. Diese sind für den Bezirk wichtig, um Arbeitsplätze zu erhalten bzw. zu schaffen.

Zu gesamtstädtisch wirksamen Dienstleistungseinrichtungen im Bezirk zählen neben den zuvor bereits genannten

- das Technologische Gewerbemuseum
- die Lehrwerkstätten „Jugend am Werk“
- das Dr. Adolf-Schärf-Studentenheim
- die Allgemeine Unfallversicherungsanstalt
- die Volkshochschule
- das Veranstaltungslokal „Vindobona“.

Aber auch an anderen, einst für die Brigittenau wesentlichen Betriebsstandorten erfolgten Umnutzungen: Neue Nutzungsformen für ehemalige Gewerbe- und Industrieansiedlungen sind Wohnbauten, auch mit Büronutzungen durchmischt, Bürogebäude (Finanzamt, Arbeitsmarktservice), Institutsgebäude, Gesundheits- (Lorenz-Böhler-Unfallkrankenhaus) und Bildungseinrichtungen (bfi).

Weitere Beispiele hiefür sind:

- Umnutzung Hofbauer Schokoladenfabrik in Wohnbauten.
- Umbau und Revitalisierung des ehemaligen Globus-Verlages und

-Druckerei. Neue Nutzungen: Büros, Baumarkt, Tiefgarage mit 99 Stellplätzen. Institute der Wirtschaftsuniversität.

- Gaswerk Forsthausgasse
- Für das ehemalige Betriebsareal der Niederösterreichischen Molkerei, das sich über zwei Baublöcke zwischen Höchstädtplatz und Hellwagstraße erstreckt, gibt es aktuelle Bemühungen des Liegenschaftseigentümers (WWFF) zur Neuansiedlung von Betrieben.
- Handelskai (z. B. Kaindl-Gründe)
- Wohnpark Handelskai: Bauteil I (Handelskai 78) und Bauteil II (Handelskai 102–104).
- Vorgartenstraße 50: Errichtung einer Volksschule mit ganztägiger Organisationsform. Diese Schule wird nach entsprechenden Umbauarbeiten in einem ehemaligen Schulgebäude untergebracht, welches aufgrund der rückläufigen Schülerzahlen in den Siebziger- und Achtzigerjahren als Möbellager und zuletzt als U-Bahn-Baukanzlei verwendet wurde.

Wohnhausanlage am Handelskai

Arbeit und Wirtschaft in der Brigittenau heute

Räumliche Verteilung der Betriebe und Beschäftigten

Arbeitsstätten und Beschäftigte nach Zählbezirken 1991		
	Arbeitsstätten insgesamt	Beschäftigte insgesamt
Kapaunplatz	51	900
Zwischenbrücken	289	2.830
Brigittaplatz	470	2.503
Lorenz-Müller-Gasse	76	1.122
Wallensteinstraße	584	2.900
Wexstraße	178	1.876
Höchstädtplatz	231	2.300
Nordwestbahnhof	178	3.344
Brigittenau insgesamt	**2.057**	**17.775**
Anteil an Wien	2,9%	2,4%
Wien	**71.000**	**744.516**

Quelle: ÖSTAT, Arbeitsstättenzählung 1991

Im 20. Bezirk konzentrieren sich die Arbeitsstätten im südlichen Teil des Bezirkes. Mehr als die Hälfte aller Arbeitsstätten befanden sich 1991 in den beiden Zählbezirken Wallensteinstraße und Brigittaplatz.

Die meisten Beschäftigten zählte man anlässlich der Arbeitsstättenzählung 1991 im Bereich des Nordwestbahnhofes, der als Container-Terminal auch nach der Eröffnung des Zentralverschiebebahnhofes in Kledering nicht an Bedeutung eingebüßt hat.

Wirtschaftsstruktur (Sektoren)

Arbeitsstätten und Beschäftigte nach Wirtschaftsklassen 1991				
	Arbeitsstätten		Beschäftigte	
	abs.	in %	abs.	in %
Energie- und Wasserversorgung	2	0,1	76	0,4
Verarbeitendes Gewerbe; Industrie	259	12,6	3.395	19,1
Bauwesen	85	4,1	1.110	6,2
Handel; Lagerung	775	37,7	4.053	22,8
Beherbergungs- u. Gaststätten-wesen	175	8,5	536	3,0
Verkehr und Nachrichten-übermittlung	146	7,1	2.879	16,2
Geld- und Kreditwesen; Wirtschaftsdienste	204	9,9	874	4,9
Persönl., soziale und öffentl. Dienste	411	20,0	4.852	27,3
Summe 20. Bezirk	**2.057**	**100,0**	**17.775**	**100,0**

Quelle: ÖSTAT, Arbeitsstättenzählung 1991

Die Arbeitsstättenzählung bestätigt uns auch das Bild, das man in der Brigittenau von der Wirtschaft gewinnt. Den größten Anteil an Betrieben nahmen jene des Bereiches Handel und Lagerung ein. Auch wenn bis zum Jahr 1991 die absolute Zahl der Betriebe auf 775 abgenommen hat, so waren das doch mehr als ein Drittel (37,7 %) aller Arbeitsstätten.

Immerhin noch ein Fünftel aller Betriebsstätten (20 %) entfiel 1991 auf den Bereich persönliche, soziale und öffentliche Dienste, der jedoch den größten Anteil an Beschäftigten aufzuweisen hat. Dieser Sektor hat seither eine ansteigende Entwicklung durchgemacht, genaue Zahlen liegen jedoch auf vergleichbarem Niveau, wie anlässlich der Großzählung 1991, nicht vor.

In den 259 verbliebenen Betriebsstätten von verarbeitendem Gewerbe und Industrie wurden im Jahr 1991 nur noch 19 % aller Beschäftigten des Bezirkes gezählt. Im Jahre 1934 waren es noch fast 40 %.

Märkte und Einkaufszentren

Die Wallensteinstraße bildet gemeinsam mit dem Brigittaplatz das Bezirkszentrum der Brigittenau. Seine Funktion liegt im politischen, administrativen, religiösen und kulturellen Bereich.

Bereits 1930 war der verkehrsmäßig gut erschlossene Wallensteinplatz ein Zentrum des wirtschaftlichen und sozialen Lebens. Neben zahlreichen kleineren und größeren Geschäften entstanden hier ein Kino (Vindobona), eine Apotheke, Kaffeehäuser, Banken, Arztpraxen und Rechtsanwaltskanzleien.

Derzeit ist dieser Bereich jedoch gekennzeichnet durch einen Prozess fortschreitenden Verfalls und die Kaufleute beklagen Umsatzrückgänge. Mit der Inbetriebnahme der U6 bis Floridsdorf wurde für die Kunden ein übergeordnetes Zentrum leicht und schnell erreichbar.

Im Millennium-Tower entsteht ein Einkaufszentrum mit zahlreichen Lokalen.

Durch ein integriertes Gestaltungs-, Sanierungs- und Verkehrskonzept und Investitionen in den öffentlichen Raum wird die Wallensteinstraße wieder attraktiv gemacht und in ihrer Funktion als Bezirkszentrum gestärkt werden. In nächster Zeit ist eine Neugestaltung des Wallensteinplatzes geplant.

Der Hannovermarkt ist heute der einzige Markt im Bezirk. Er besteht seit 1913 und ist ein viel genutzter Einkaufsort. Die ursprünglich hölzernen „Verkaufsbuden“ wurden in den Sechzigerjahren durch gemauerte Marktstände ersetzt. Die Bedeutung des Marktes liegt in seiner Versorgungsfunktion für Obst, Gemüse und Frischfleisch. Auch wenn er im Bereich des Bezirkszentrums liegt, so stellt er eine wertvolle Ergänzung zur dortigen Angebotspalette dar.

Qualität in der Erreichbarkeit

Öffentlicher Verkehr (S-Bahn, U-Bahn, Straßenbahn und Bus)

Der Wirtschaftsstandort Brigittenau wird durch eine Reihe öffentlicher Verkehrsmittel gut erschlossen. So hat der Bezirk mit zwei Stationen (Traisengasse und Handelskai) Anteil an der S-Bahn-Stammstrecke und am Handelskai hat zudem die S 45 ihren Endpunkt. Den westlichen Teil des Bezirkes decken die Einzugsbereiche der U-Bahnstationen der Linie U4 (Friedensbrücke und Spittelau) ab und die Bezirksmitte wird durch die Straßenbahnlinien 5, 31, 33 und N sowie mehrere Buslinien versorgt.

Durch die Verlängerung der U-Bahnlinie U6 bis Floridsdorf im Jahr 1996 wurde die Versorgungsqualität im 20. Bezirk noch erheblich verbessert. Insbesondere im Bereich Handelskai, wo die U6 in einem Knotenpunkt mit der S 45 und der S-Bahnstrecke verknüpft wurde, konnte eine hochrangige Standortqualität erzielt werden.

Individualverkehr (Straßen, ruhender Verkehr)

Der Handelskai bzw. die Brigittenauer Lände stellen die wesentlichsten überregionalen Straßenzüge dar, die jedoch zeitweise überlastet sind. Die zu erwartende Verkehrszunahme am Handelskai, verursacht durch rege Bautätigkeit und Umnutzung, erfordert entsprechende Maßnahmen und verkehrsorganisatorische Änderungen.

Seit der Einführung des „Parkpickerls“ im März 1999 gibt es in den früher oft sogar mehrspurig verparkten Straßen überraschend viele freie Parkplätze. Wo sind die Autos nur geblieben, mag man sich fragen.

Ausblick

Veränderung in der Bezirksstruktur

Eine einschneidende Veränderung in der Struktur des Bezirkes wird unter anderem durch das Projekt Millennium-Tower am Handelskai (mit einer Höhe von 202 m und 50 Geschossen) erwartet, der für 2.500 Menschen Arbeitsplätze bieten wird. Er wird ein attraktiver Kristallisationspunkt am Rande des Bezirkes werden.

Im derzeitigen Bezirkszentrum um den Wallensteinplatz wird durch Investitionen im öffentlichen Raum und die Umgestaltung des Platzes eine Attraktivierung des gesamten Bereiches eingeleitet und eine Stärkung des Bezirkszentrums herbeigeführt.

Veränderung in der Wirtschaftsstruktur

Die seit langem anhaltende Veränderung der Wirtschaftsstruktur wird sich weiter fortsetzen: Arbeitsplätze in Produktionsstätten des Sekundären Sektors werden auch in Zukunft durch solche in Dienstleistungseinrichtungen ersetzt und frei werdende Betriebsflächen für den Wohnungsbau genutzt werden. Die hohe Lagegunst im Bezirk, die auch durch die ausgezeichnete Erschließung mit öffentlichen Verkehrsmitteln erzielt wurde, unterstützt diese Entwicklung.

Büros auf 50 Geschossen im Millennium-Tower

Regine Wessig
Luzian Paula

Wohnen in der Brigittenau

Die Entwicklung

Wohnen um die Jahrhundertwende

Gleichzeitig mit der Ansiedlung großer Industriebetriebe entstanden in der Brigittenau auch viele Wohnbauten für die immer zahlreicher werdenden Fabriksarbeiter. Mit Abschluss des Industrialisierungsprozesses gegen Ende des 19. Jahrhunderts war die Brigittenau zu einem Arbeiter- und Zuwandererbezirk (Tschechen, Slowaken, Ungarn, Polen, Italiener, Kroaten) mit den entsprechenden sozialen Problemen geworden. 1910 betrug die Einwohnerzahl 101.326.

Während im Bezirksteil westlich des Nordwestbahnhofes („Alt-Brigittenau") auch bürgerliche Wohnviertel entstanden, deren Mieter sich aus gehobenen bürgerlichen Schichten und dem Kleinbürgertum zusammensetzten, wurden in Zwischenbrücken fast ausschließlich mehrgeschossige Arbeiterhäuser mit Kleinwohnungen errichtet. Es gab rund 20.000 Wohnungen, die nur aus Zimmer und Küche bestanden und mit durchschnittlich fünf Personen belegt waren. Wasser – die „Bassena" – und Klosett befanden sich am Gang.

Der Wohnstandard in diesen Häusern war sehr niedrig, der Zins dennoch sehr hoch. Um sich den hohen Zins leisten zu können, war man darauf angewiesen, zusätzlich „Bettgeher" aufzunehmen, mit denen man das eigene Bett wechselseitig und abhängig vom Arbeitszeitrhythmus gegen Bezahlung teilte. Das Wohnungselend in den Brigittenauer Proletarierquartieren war enorm. Zwischenbrücken wurde zu einem „armseligen Industrieviertel".

Erholung von den katastrophalen Wohnverhältnissen suchte die Bevölkerung in den wenigen Parks (Brigittaplatz, Allerheiligenplatz, Mortaraplatz), aber auch am Donaukanal- und Donauufer.

Das 1905 errichtete Männerheim in der Meldemannstraße beherbergte von 1905 bis 1914 obdachlose Männer. (Unter anderem war ein unbekannter Hilfsarbeiter am Bau dieses Gebäudes beteiligt und wohnte von 1910 bis 1913 auch hier – Adolf Hitler. Seine ersten politischen Reden, die er in einem Gasthaus am Höchstädtplatz hielt, verhallten damals ungehört.) Im Ersten Weltkrieg wurde das Männerheim in ein Militärspital umgewandelt.

Vom Industriestandort zum Wohnbezirk

Schon vor dem Ersten Weltkrieg wurde in der Brigittenau mit dem Bau größerer zusammenhängender Wohnblöcke begonnen. Dazu zählen u.a.

- die zwischen 1905 und 1912 errichteten „Brigittenauer Anlagen“ der „Ersten gemeinnützigen Baugesellschaft für Kleinwohnungen“ (Engerthstraße 41–57) sowie
- die 1912 errichteten „Eisenbahner Häuser“ der „k.k. österreichischen Staatsbahnen“ (Schongauergasse, Kornhäuselgasse).

In der Zwischenkriegszeit erfolgte die Auffüllung der zahlreichen Baulücken mit großen Gemeindebauten. Im sozialdemokratischen Wien der Zwanzigerjahre machte sich ein Umdenken im städtischen Wohnungsbau bemerkbar, was umso notwendiger erschien, als die bisherigen Wohn- und Lebensbedingungen gerade hier besonders unzureichend gewesen waren. Es entstanden zahlreiche städtische Wohnhausanlagen mit gesünderen Wohnungen und Gemeinschaftseinrichtungen, die für alle Mieter benützbar waren. Dazu zählten großzügige Gartenanlagen, Zentralwäscherei, Bad, Bücherei, Kindergarten, Vereinslokal oder Kino. Mit der Planung der Wohnanlagen wurden renommierte Architekten wie z. B. Adolf Loos oder Grete Lihotzky beauftragt.

Entwicklung der Wohnbevölkerung in der Brigittenau von 1900 bis 1994

Wohnbevölkerung 1900 bis 1994			
Jahr	Brigittenau	Anteil an Wien in %	Wien
1900	71.445	4,0	1.769.137
1910	101.326	4,9	2.083.630
1923	97.403	5,1	1.918.720
1934	98.021	5,1	1.935.881
1939	86.146	4,9	1.770.938
1951	72.855	4,5	1.616.125
1961	75.671	4,6	1.627.566
1971	81.647	5,0	1.619.885
1981	73.696	4,8	1.531.346
1991	71.876	4,7	1.539.848
1994	77.091	4,7	1.639.581

Quelle: ÖSTAT, Volkszählung 1991, Bestandsstatistik 1994

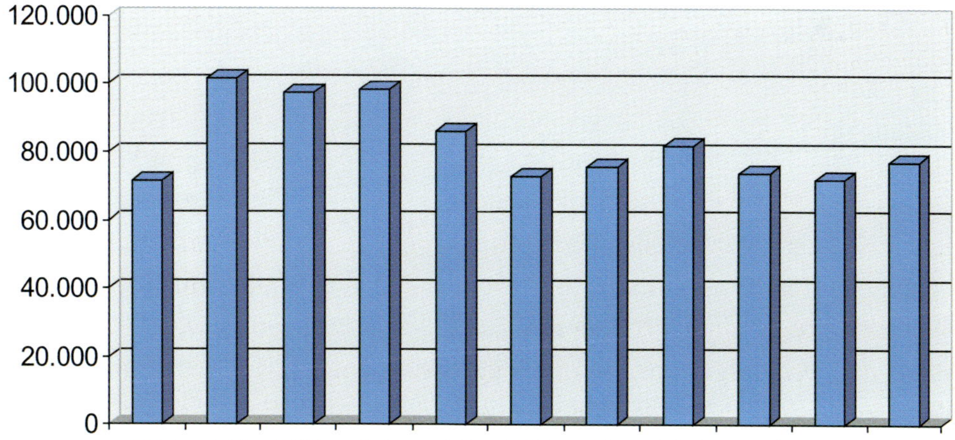

Als Beispiele für diese Wohnbautätigkeit seien angeführt: Die erste große kommunale Wohnhausanlage war der „Robert-Blum-Hof" in der Engerthstraße mit Baubeginn 1923. Der „Janecek-Hof" wurde auf dem Areal des ehemaligen Choleraspitals der Franziskanerinnen (später Gendarmeriekaserne) errichtet und 1927 feierlich eröffnet.

Im Zweiten Weltkrieg wurden in der Brigittenau 804 Wohnobjekte, 149 Fabriksanlagen und 59 andere Gebäude zerstört. Nach dem Krieg war es vordringlichstes Ziel, die beschädigten Gebäude instand zu setzen und der drückenden Wohnungsnot durch den Bau neuer Wohnanlagen entgegenzuwirken. Dabei konnten angesichts der angespannten finanziellen Lage architektonische und qualitative Überlegungen beim Wohnungsbau keine Berücksichtigung finden. Erst nachdem der Wohnungsmangel einigermaßen überwunden war, konnte man mit der Verbesserung der Ausstattung der Wohnungen sowie der Wohnumwelt beginnen. Es wurden Kindergärten, Schulen, Einkaufszentren sowie auch soziale Einrichtungen geschaffen.

Wohnen in der Brigittenau heute

Räumliche Verteilung der Wohnbevölkerung und der Wohnungen

Wohnbevölkerung und Wohnungen 1991				
	Wohnbevölkerung		Wohnungen	
	insges.	in %	insges.	in %
Kapaunplatz	5.149	7,2	2.899	8,1
Zwischenbrücken	12.544	17,5	6.334	17,8
Brigittaplatz	13.798	19,2	6.710	18,8
Lorenz-Müller-Gasse	5.142	7,2	2.529	7,1
Wallensteinstraße	11.001	15,3	5.332	15,0
Wexstraße	7.817	10,9	3.963	11,1
Höchstädtplatz	10.626	14,8	5.098	14,3
Nordwestbahnhof	5.799	8,1	2.738	7,7
Brigittenau	**71.876**	**100,0**	**35.603**	**100,0**
Anteil an Wien	4,7		4,8	
Wien	**1.539.848**		**738.962**	

Quelle: ÖSTAT, Volkszählung 1991, Häuser- und Wohnungszählung 1991

Wie aus der Übersicht der Wohnbevölkerung und der Wohnungen im Jahr 1991 ersichtlich ist, weisen die dicht bebauten und rasterförmig erschlossenen Zählbezirke um den Wallenstein- und den Brigittaplatz sowie Zwischenbrücken und das Gebiet um den Höchstädtplatz die höchsten Bevölkerungs- und Wohnungszahlen auf. Dies sind gleichzeitig jene Gebiete, in denen der Gebäudebestand zum überwiegenden Teil aus der Zeit vor 1944 stammt.

Alter der Wohnungen

Wohnungen nach Bauperiode und Art des Gebäudes						
Bauperiode	Wohnungen insges.		Wohnungen in Wohnhäusern mit … Wohnungen			
Wohnung erbaut	abs.	in %	1 oder 2	3 bis 10	11 bis 20	21 und mehr
vor 1880	817	2,1	1	82	203	192
1880–1918	15.283	38,7	12	223	2.811	6.983
1919–1944	5.272	13,3	12	29	1.951	2.404
1945–1960	4.626	11,7	6	42	2.191	1.622
1961–1970	7.472	18,9	–	30	2.486	4.119
1971–1980	4.124	10,4	1	14	557	2.866
1981–1990	1.927	4,9	1	19	168	1.227
1991	19	0,0	–	–	–	–
insgesamt	39.540	100,0	33	439	10.367	19.413
in %		100,0	0,1	1,4	34,3	64,2

Quelle: MA 66, Wiener Bezirksdaten

Von den rd. 40.000 Wohnungen in der Brigittenau wurden rd. 40% vor 1918 erbaut, wobei der Großteil davon in Gebäuden liegt, die mehr als 21 Wohnungen aufweisen. Dies sind auch jene Wohnungen, deren Sanierungsbedarf am höchsten ist.

Bezüglich Wohnhäuser ist der vorherrschende Gebäudetyp im 20. Bezirk das Mehrfamilienhaus. 98,5% aller Wohnungen liegen in Wohnhäusern mit mehr als 10 Wohnungen, egal aus welcher Bauperiode sie stammen.

Größe, Qualität und Ausstattung der Wohnungen

Wohnungen nach Wohnraumzahl und Nutzfläche pro Bewohner 1991										
		Wohnraumzahl								Nutzfläche pro Bewohner
	Wohnungen insgesamt	1 Wohnraum		2 Wohnräume		3 Wohnräume		4 und mehr		
		abs.	in %	abs.	in %	abs.	in %	abs.	in %	in m²
Kapaunplatz	2.899	912	31,5	1.068	36,8	736	25,4	183	6,3	30
Zwischenbrücken	6.334	2.108	33,3	2.508	39,6	1.282	20,2	436	6,9	27
Brigittaplatz	6.710	1.731	25,8	2.679	39,9	1.682	25,1	618	9,2	29
Lorenz-Müller-Gasse	2.529	521	20,6	843	33,3	894	35,3	271	10,7	31
Wallensteinstraße	5.332	1.448	27,2	2.349	44,1	1.141	21,4	394	7,4	27
Wexstraße	3.963	735	18,5	1.536	38,8	1.171	29,5	521	13,1	31
Höchstädtplatz	5.098	994	19,5	2.149	42,2	1.602	31,4	353	6,9	30
Nordwestbahnhof	2.738	633	23,1	910	33,2	989	36,1	206	7,5	29
Brigittenau	**35.603**	**9.082**	**25,5**	**14.042**	**39,4**	**9.497**	**26,7**	**2.982**	**8,4**	**29**
Anteil an Wien	4,8	6,3		5,5		4,3		2,5		
Wien	**738.962**	**143.454**	**19,4**	**253.747**	**34,3**	**220.931**	**29,9**	**120.830**	**16,4**	**33**

Quelle: ÖSTAT, Häuser- und Wohnungszählung 1991

Rund ein Viertel aller Wohnungen im 20. Bezirk wiesen 1991 nur einen Wohnraum auf, die durchschnittliche Wohnraumzahl pro Wohnung lag bei 2,2. Die durchschnittliche Nutzfläche pro Bewohner betrug 29 m².

Wohnungen nach Ausstattungskategorie 1991									
		Ausstattungskategorie							
	Wohnungen insgesamt	A		B		C		D	
		abs.	in %	abs.	in %	abs.	in %	abs.	in %
Kapaunplatz	2.899	1.733	59,8	429	14,8	557	19,2	180	6,2
Zwischenbrücken	6.334	2.825	44,6	595	9,4	723	11,4	2.191	34,6
Brigittaplatz	6.710	3.481	51,9	579	8,6	389	5,8	2.261	33,7
Lorenz-Müller-Gasse	2.529	1.976	78,1	200	7,9	63	2,5	290	11,5
Wallensteinstraße	5.332	1.937	36,3	593	11,1	336	6,3	2.466	46,2
Wexstraße	3.963	2.710	68,4	513	12,9	139	3,5	601	15,2
Höchstädtplatz	5.098	3.316	65,0	607	11,9	546	10,7	629	12,3
Nordwestbahnhof	2.738	1.700	62,1	125	4,6	70	2,6	843	30,8
Brigittenau	**35.603**	**19.678**	55,3	**3.641**	10,2	**2.823**	7,9	**9.461**	26,6
Anteil an Wien	4,8	4,1		4,8		5,9		6,9	
Wien	**738.962**	**479.158**	64,8	**75.194**	10,2	**47.998**	6,5	**136.612**	18,5

Ausstattungskategorien:
A: Zentralheizung u. Ä., Bad oder Dusche, WC
B: Bad oder Dusche, WC
C: WC und Wasserentnahme in der Wohnung
D: kein WC oder keine Wasserinstallation in der Wohnung

Die Ausstattung der Wohnungen präsentiert sich im Bezirk sehr unterschiedlich. Während der Anteil gut ausgestatteter Wohnungen z. B. im Zählbezirk Lorenz-Müller-Gasse sehr hoch ist (fast 80 % Kategorie-A-Wohnungen), weisen die Zählbezirke Wallensteinstraße, Zwischenbrücken und Brigittaplatz eine überdurchschnittliche Zahl von schlecht ausgestatteten Wohnungen auf. Drei Viertel aller Gebäude in diesem Gebiet wurden vor 1919 erbaut und sind zum Teil äußerst sanierungsbedürftig. Zu Recht wurde dieser Bereich als Stadterneuerungsgebiet ausgewiesen und eine eigene Gebietsbetreuung am Wallensteinplatz für dieses Gebiet eingerichtet.

Geförderte Wohnungsverbesserungen 1981 – 1994

Art der Verbesserung*					Zahl der Verbesserungen insgesamt**	Zahl der verbesserten Wohnungen
Installation von				Wohnungszusammenlegung		
Wasserleitung	WC	Bad	Strom, Gas, Beheizung			
569	571	1.685	3.626	167	12.293	8.713

Quelle: MA 66, Wiener Bezirksdaten
Anmerkung: * Sanierungsmaßnahmen in Wohnungen
** einschließlich Wohnungsteilungen und sonstiger Einbauten

Seit 1981 wurden im Zuge der „sanften Stadterneuerung" im 20. Bezirk in rd. 9.000 Wohnungen über 12.000 Verbesserungen durchgeführt. Dazu zählen in erster Linie die Installation von Wasserleitung, WC, Bad, Strom, Gas und Beheizung sowie Wohnungszusammenlegungen. Zu den durchgeführten Erneuerungsmaßnahmen an Gebäuden zählen z. B. Fassadenerneuerungen und Wärmeschutzmaßnahmen, Dachneudeckungen.

Qualität in der Versorgung mit Grünflächen

Die Ausstattung mit öffentlichen Grünflächen ist für ein derart dicht verbautes Stadtgebiet, wie es der 20. Bezirk ist, durchaus gut. Der begrünte Wallensteinplatz stellt gemeinsam mit den Alleen in der Karl-Meißl-Straße und der Jägerstraße eine wichtige Verbindung in den Augarten dar. Dieser ist für viele Bewohner des Bereiches Wallensteinplatz und Karl-Meißl-Straße der Naherholungsraum schlechthin.

Private Grünflächen in Höfen sind nur in geringem Umfang vorhanden. Für die Zukunft wäre eine Verkehrsberuhigung des Wallensteinplatzes sowie eine bessere Nutzung bzw. Begrünung der Innenhöfe wünschenswert.

Die Versorgung mit öffentlichen Grünflächen konnte besonders in den letzten Jahren deutlich verbessert werden. Im Zuge der Errichtung der U-Bahnlinie U6 wurde ein durchgehender Grünzug von der U6-Station Handelskai über die Durchlaufstraße bis zum westlichen Ende der Winarskystraße angelegt. Unterschiedlich gestaltete Grünflächen (Ruhebereiche, Abstandsgrün, Spielplätze) bieten allen Altersgruppen der Bevölkerung attraktiven Erholungsraum im Nahbereich ihrer Wohnungen.

Mit der Inbetriebnahme der U6 im Jahre 1996 wurde für die Brigittenauer Bevölkerung zudem das Erholungsgebiet auf der Neuen Donau rasch und bequem erreichbar.

Auch die am Donaukanalufer liegenden Promenaden werden von der Bevölkerung gerne angenommen und von Fußgängern, Radfahrern und Inline-Skatern gleichermaßen genutzt.

Früher kaum genutzt wurde hingegen das rechte Donauufer als Erholungs- und übergeordneter Grünraum, was durch seine Randlage und die Barrierewirkung von Handelskai und Donauländebahn begründet war. Die Kaianlagen dienten der Frachtschifffahrt und nicht der Erholung. Im Zuge des Kraftwerkbaues Freudenau wurde der Hochwasserschutz erneuert und das rechte Donauufer zu einem hochwertigen Naherholungsgebiet ausgestaltet. Attraktive Wege, Ruhebereiche und Kinderspielplätze machen diesen Bereich als Erholungsraum nutzbar. Drei neu errichtete Querungsmöglichkeiten über Handelskai und Donauuferbahn sichern die problem- und gefahrlose Erreichbarkeit. So entstand hier ein großzügig durchgestalteter Naherholungsraum, der auch die Attraktivität der Brigittenau betont.

Ausblick

Veränderung in der Bezirksstruktur

Standen zu Beginn dieses Jahrhunderts die großen Industrie- und Betriebsanlagen sowie die dazugehörigen Arbeiterquartiere im Vordergrund, so werden dies mit dem beginnenden neuen Jahrtausend qualitativ hochwertige Wohnungen und Büronutzungen sein. Als markantestes Beispiel dafür gilt der Millennium-Tower. In dem Gesamtkomplex unterhalb und rund um den Tower warten 400 Wohnungen auf ihre künftigen Mieter und auf 17.000 m^2 gibt es ein Einkaufs- und Dienstleistungszentrum. Weiters ist auf 4.000 m^2 ein Freizeitzentrum vorgesehen. Für rund 2.500 Menschen sollen hier Arbeitsplätze geschaffen werden. Im unmittelbaren Umfeld entsteht durch die Umnutzung der ehemaligen Betriebsflächen am Handelskai eine attraktive Wohnagglomeration.

Doch auch an weniger prominenten Adressen entstanden und entstehen eine Reihe bestausgestatteter Wohnungen, oft in Verbindung mit Büros oder Geschäftslokalen.

Aufwertung als Wohnstandort

Zusätzliche Wohnungen erfordern aber auch ergänzende Infrastrukturmaßnahmen, die in Form von zusätzlichen Kindergärten, schulischen Einrichtungen, Arztpraxen und einem neuen Polizeiwachzimmer vorgesehen sind.

Der Verbesserung der Versorgung mit Grün- und Freiflächen wurde neben dem Bau der rechten Donauuferpromenade und der Errichtung neuer Spielplätze auch durch die Planung von Fußgänger- und Radfahrerstegen über den Handelskai und die Donauuferbahn Rechnung getragen.

Künftige Umnutzungen

Auch künftig werden Standorte von Gewerbe- und Industriebetrieben anderen Nutzungen zugeführt werden. Aus heutiger Sicht steht jedoch das zentral gelegene Areal des Nordwestbahnhofes hiefür nicht zur Verfügung. Als geeignete Folgenutzungen sind Wohnhausanlagen und Bürogebäude anzusehen. Betriebliche Folgenutzungen werden nur insoweit zum Tragen kommen, als sie die Wohnnutzung nicht beeinträchtigen. Denn vorrangiges Ziel des Bezirkes ist es, ein attraktiver Wohnbezirk zu werden.

Regine Wessig
Luzian Paula

Stadtbild und Stadtgestaltung

Die Entwicklung

Stadtbild um die Jahrhundertwende

Seit 1850 gehörten die Ortschaften Brigittenau und Zwischenbrücken, vorerst als Teile der Leopoldstadt, zu Wien. Im März 1900 erlangte der 20. Bezirk seine Selbstständigkeit, wobei ein Großteil von Zwischenbrücken mit der Brigittenau zusammengelegt wurde. Am Allerheiligenplatz, der als Zentrum dieses neuen Stadtteils vorgesehen war, entstanden eine Kirche, eine Schule und ein Park.

Die Verbauung der Jägerstraße setzte um die Jahrhundertwende ein. Erst

„Apothekerhaus" am Wallensteinplatz

waren es nur kleiner Hütten, später ebenerdige Häuser. An der Nord- und Ostseite des Wallensteinplatzes, der sich an der Kreuzung der Jägerstraße mit der ehemaligen Unteren Quergasse (heutige Wallensteinstraße) bildete, entstanden zur gleichen Zeit große Bürgerhäuser (z. B. das „Apothekerhaus“). An der Westseite des Platzes stehen Häuser aus der frühen Gründerzeit.

Industriearchitektur als prägendes Element

Um 1900 war der Bezirk zu einem klassischen Industrieviertel von Wien geworden. Sein äußeres Erscheinungsbild war geprägt von zahlreichen Fabriksanlagen mit den charakteristischen, qualmenden Schornsteinen. Hiezu ein Zitat aus dem Jahre 1920: *„Am Rande gegen den Donaustrom hin, in Zwischenbrücken, reiht sich ein größerer Fabriksbau an den anderen und mächtige Schlote wetteifern an Höhe.“*

Stadtgestaltung damals und heute

Der in seiner heutigen Form erst nach der Donauregulierung im vorigen Jahrhundert entstandene Bezirk ist durch seine Insellage zwischen Donau und Donaukanal geprägt. Unter anderem auch durch das Fehlen von historischen Siedlungskernen und somit Kristallisationspunkten einer planmäßigen Siedlungsentwicklung bedingt, entstand eine stark durchmischte, zum Teil ungeordnete und heterogene Nutzungs- und Bebauungsstruktur, die auch im derzeitigen Stadtbild der Brigittenau noch ablesbar ist.

Durch die günstigen Grundstückspreise dieses ehemaligen städtischen Erweiterungsgebietes siedelten sich auch extensive Nutzungsformen hier an.

Ein weiterer strukturbildender Faktor sind die großen Bahnanlagen, insbesondere der Nordwestbahnhof, mit den Folgenutzungen betrieblicher Art, den Lager- und Abstellflächen u. Ä.

Die in der Zwischenkriegszeit beginnende funktionale Veränderung des

Bezirkes wurde durch die kommunale Wohnbautätigkeit auf den damals verfügbaren Freiflächen eingeleitet und nach dem Zweiten Weltkrieg mit dem großvolumigen Wohnungsbau der Sechziger- und Siebzigerjahre fortgesetzt.

Im Gegensatz zu anderen, von der Lage an stadtnahen Gewässern vergleichbaren, innerstädtischen Gebieten Europas konnte der Bezirk – wie auch die an die Donau angrenzenden Teile der Leopoldstadt – keine Entwicklung zu einer „guten“ Wohngegend durchmachen und kämpft weiterhin, trotz hoher Lage- und Erschließungsgunst, mit seinem schlechten Image.

Zu Beginn des neuen Jahrtausends soll dies jedoch anders und dem Bezirk ein neues Image gegeben werden. Mit der Errichtung des Millennium-Towers am neu gestalteten Donauufer wurden neue Zeichen gesetzt.

Stadtbild und Stadtgestaltung in der Brigittenau heute

Die prägenden Elemente der Stadtgestalt

Donau und Donaukanal

Die Erscheinungsbilder der Donau und des Donaukanals mit der angrenzenden Bebauung sind als Elemente der Stadtgestalt von gesamtstädtischer Bedeutung.

Hinter den Resten der Industriebauten am Handelskai – Bereiche, die bereits für Umnutzungen vorgesehen sind bzw. sich in aktiver Umgestaltung befinden – bilden derzeit die kommunalen Wohnbauten der Zwischenkriegszeit (Beer-Hof, Janecek-Hof, Engerth-Hof) die stadtbildprägenden Gebäude und bestimmende Silhouette.

Obwohl der 20. Bezirk an der Donau liegt, konnten die direkt angrenzenden Viertel bisher keine echte Beziehung zum Element Wasser aufbauen. Die Ursachen dafür lagen in der mit der Donauregulierung einhergehenden Nutzung der Ufer und ufernahen Bereiche als Hafen- und Ländeflächen sowie der massiven Ansiedlung von Betrieben und Industrieanlagen entlang des Handelskais. Durch die zum Teil bereits erfolgte Umnutzung der Standorte am Handelskai (Wohnpark Handelskai, Millennium-Tower) und die Umgestaltung des rechten Donauufers im Zuge der Errichtung des Kraftwerkes Freudenau zu einem attraktiven Erholungsgebiet wurden neue städtebauliche Akzente gesetzt.

Am Donaukanal hat das Stadtbild sowohl durch die attraktiv gestaltete Promenade als auch durch die Schließung der Stadtkante im Bereich der ehemaligen Hofbauer-Gründe durch Wohnbauten ein modernes Gesicht erhalten.

Wohnhäuser auf den ehemaligen Hofbauer-Gründen

Weitere Stadtkanten und Platzräume

Lokale Bedeutung haben die Erscheinungsbilder der Bebauung entlang des Augartens, am neu gestalteten Gaußplatz und am Wallensteinplatz sowie die spezielle Situation des Brückenkopfes am Friedrich-Engels-Platz.

Charakteristisch für die Brigittenau ist das Nebeneinander unterschiedlichster Nutzungen und Erscheinungsbilder. So finden sich direkt neben dem weithin sichtbaren Repräsentativbau der AUVA (Unfallversicherungsanstalt) Reste des so genannten „Brettldorfes“, einem Relikt aus der Zwischenkriegszeit. An den Kreuzungsbereich Jägerstraße/Wexstraße/Stromstraße grenzen der Janecek-Hof, eine typische Wohnhausanlage der Fünfzigerjahre, ein in den letzten Jahren neu überformtes Betriebsbaugebiet und das dunkelgraue Hochhaus des TGM.

Die wesentlichste Veränderung des Stadtbildes erfolgt zur Zeit am Handelskai, wo die weithin sichtbare Stadtkante neu definiert wird.

Industriearchitektur

Auch heute noch ist das Erscheinungsbild durch das Nebeneinander von Wohnbauten und Industrie- und Gewerbebetrieben geprägt. Einige Gebäude der alten Industriebauten sind bis heute erhalten geblieben und stehen, wie z. B. Teile der „alten Kunsteisfabrik“, unter Denkmalschutz. Unter architektonischer Einbeziehung der „alten Eisfabrik“ wurde auf diesem Grundstück eine moderne Wohnhausanlage errichtet.

Das optische Erscheinungsbild von Betrieben bzw. von betrieblich genutzten Flächen hat oftmals jedoch auch negative Auswirkungen auf die Stadtgestalt und sollte durch entsprechende Bepflanzungen bzw. Gestaltungsmaßnahmen nach Möglichkeit verbessert werden.

Die neue Höhenentwicklung

War die Brigittenau lange Jahrzehnte nur von den Schornsteinen ihrer Fabriken überragt, entstand am Donaukanal durch die Errichtung des Dr. Adolf-Schärf-Studentenheimes erstmals ein weithin sichtbares „Hochhaus“ im Bezirk. Mit der Errichtung des neuen Technologischen Gewerbemuseums (TGM) und der benachbarten Türme der AUVA entstand eine neue, das Stadtbild prägende Höhenentwicklung des Bezirkes. Höhepunkt im wahrsten Sinne des Wortes sind die 202 m Gebäudehöhe des Millennium-Towers.

Blickbeziehungen und Achsen

Neben den beiden natürlichen Gestaltungselementen Donau und Donaukanal verfügt die Brigittenau über keine topografischen Vorgaben wie Geländestufen, Tallandschaften, größere landwirtschaftliche Freiflächen oder Wälder, die als Ausgangspunkte für eine Strukturierung und räumliche Gliederung heranzuziehen wären.

Durch den Ausbau der zusammenhängenden Grünverbindungen vom Bereich der Gürtelbrücke entlang der Leipziger Straße über die Nordwestbahn und die Winarskystraße bis zur Donau (West-Ost-Achse) sowie östlich der Nordwestbahntrasse (Nord-Süd-Achse) wird neben der Verbesserung der Umweltbedingungen und der Wohnqualität zugleich ein strukturelles Gliederungselement geschaffen. Ein System von kleineren Grünverbindungen soll zur Erreichung des Augartens aus dem Bezirkszentrum sowie des Donauufers aus dem Zwischenbrückenviertel dienen.

Die wichtigsten Gebäude

Die „Schutzzone Brigittenau" weist einen für den 20. Bezirk einzigartigen geschlossenen Gebäudebestand aus der Übergangszeit vom Späthistorismus zum Jugendstil auf. Sie wurde 1989 festgelegt und umfasst neben dem Kernbereich der Karl-Meißl-Straße und dem südlichen Teil des Wallensteinplatzes Teile der Bäuerlegasse, Jägerstraße, Karajangasse, Petraschgasse, Heinzelmanngasse, Wasnergasse und Wallensteinstraße. Dabei wurden jedoch nur die Fassaden unter Schutz gestellt.

Die Zahl der zu schützenden bzw. erhaltenswerten Einzelobjekte im Bezirk ist aufgrund der jungen Geschichte der Brigittenau gering. Zu diesen Objekten zählen:

- die Brigittakapelle (Mitte 17. Jh., historischer Mittelpunkt der Brigittenau)
- die Anlage des Gemeindebaues am Friedrich-Engels-Platz (1930 bis 1933)

- die Wohnhausanlage Winarsky-Hof (1924 bis 1925)
- das ehemalige „Logierhaus für Männer“ in der Meldemannstraße

Besonders erwähnenswert ist in diesem Zusammenhang das älteste Wohnhaus der Brigittenau (erbaut 1859) im Hof der Liegenschaft Engerthstraße 134.

Neben den historischen Bauwerken soll das bereits mehrfach genannte neueste architektonische Meisterwerk – der Millennium-Tower – nicht unerwähnt bleiben.

Weitere Großbauten, die das gesamte Stadtbild prägen, sind im 20. Bezirk das Verwaltungsgebäude der Allgemeinen Unfallversicherungsanstalt, das Dr. Adolf-Schärf-Studentenheim und die Höhere Technische Bundes-Lehr- und Versuchsanstalt (TGM).

Die wesentlichsten Freiflächen und Plätze

Das ausgestaltete Donauufer und der Donaukanal als stadtbildprägende Strukturen mit Erholungsfunktion wurden bereits erwähnt. Die wichtigsten Plätze sind: der Wallensteinplatz (für den eine Neugestaltung ohne Änderung der Verkehrslösung geplant ist), Brigittaplatz (Bezirkszentrum, Bezirksamt), Friedrich-Engels-Platz (Funktion Brückenkopf), Allerheiligenplatz (Park), Mortaraplatz (Park) und Höchstädtplatz (Neugestaltung des Platzes und der angrenzenden Bebauung)..

Verkehrsstrukturen und ihre Auswirkungen auf das Stadtbild

Von wesentlicher Auswirkung auf das Stadtbild sind die umfangreichen Bahnanlagen im Bezirk (Nordwestbahn und Nordwestbahnhof, Schnellbahntrasse, Donauländebahn). Ihre Barrierewirkungen prägen seit Bestehen des Bezirkes das Stadtbild und teilen die Brigittenau in mehrere Teile. Insbesondere das Areal des Nordwestbahnhofes mit dem Container-Terminal hemmt die städtebauliche Entwicklung des Bezirkes und damit auch seines Stadtbildes. Längerfristig ist jedoch mit keiner Verlagerung dieser Bahnhofsanlage zu rechnen. Das im Zweiten Weltkrieg zerstörte Aufnahmsgebäude des alten Nordwestbahnhofes stellte einen wichtigen architektonischen Aspekt des Bezirkes dar, während die heutigen Umplankungen bzw. Lagerhallen und Portalkräne keinen positiven Beitrag zur Stadtgestalt leisten.

Auch die Hauptverkehrsstraßen (Brigittenauer Lände, Handelskai, Adalbert-Stifter-Straße, Lorenz-Müller-Gasse) sind Zäsuren im Stadtbild und üben eine trennende Wirkung auf die einzelnen Bezirksteile aus.

Ein verkehrstechnisches Kuriosum stellt die Brigittenauer Brücke dar. Sie ist eine als Autobahn konzipierte Brücke, die jedoch im 20. Bezirk keine entsprechenden Straßenanschlüsse besitzt. Die Pläne für eine Autobahn quer durch den Bezirk bis zum Gürtel wurden aufgrund der enormen Bürgerproteste nicht realisiert – eine weitere Barriere verhindert.

Dass Verkehrsstrukturen nicht nur negative Auswirkungen auf das Stadtbild haben, zeigt das Beispiel der U-Bahnlinie U6. Hier wurde die Errichtung der Trasse gleichzeitig dazu genutzt, diesen Bereich als Grünverbindung auszubauen und durch Ruhebereiche, Spielplätze etc. entsprechend attraktiv zu gestalten. Die architektonisch durchgestylte Ausbildung der Stationsgebäude und Brücken findet ihren Höhepunkt im neu geschaffenen Umsteigeknoten Handelskai, wo die U-Bahnlinie U6 mit der Schnellbahnlinie S 45 und der Schnellbahn-Stammstrecke verknüpft werden.

Ausblick

Wandel in der Bezirksstruktur verändert Stadtbild

Der laufende Prozess in der Veränderung der gewachsenen Strukturen des Bezirkes wird auch weiterhin das Stadtbild der Brigittenau verändern. Wie bereits früher erwähnt, ist mit einer weiteren Umnutzung frei werdender Betriebsgrundstücke zu rechnen, auf denen Wohnbauten und/oder Dienstleistungseinrichtungen entstehen werden. Durch das in den letzten Jahren gestiegene Problembewusstsein bei den verantwortlichen Stadtvätern und den höheren Ansprüchen, die von der Wohnbevölkerung an das Wohnumfeld gestellt werden, ist verstärkt mit dem Einsatz hochwertiger Gestaltung und Architektur zu rechnen. Einer weiteren positiven Veränderung des Stadtbildes in der Brigittenau, aber auch in ganz Wien, können wir entgegensehen.

Zwischenbrücken vom Millennium-Tower aus gesehen

Verwendete Literatur:

Herold, Roland P.: Brigittenau. Von der Au zum Wohnbezirk, Wien 1992.
Emrich, Hans; Diethör, Christine; Geissler, Gerhard; Gössler, Clemens; Mondre, Markus; Payer, Peter; Schobert, Georg: Jahresbericht 1997 der Gebietsbetreuung Brigittenau.
Emrich, Hans; Diethör, Christine; Geissler, Gerhard; Gössler, Clemens: Jahresbericht 1998 der Gebietsbetreuung Brigittenau.
Payer, Peter: Zwischenbrücken.
Payer, Peter: Karl-Meißl-Straße/Wallensteinplatz.
Bezirksentwicklungsplan Brigittenau.
Bezirksentwicklungsplan Brigittenau – Vorentwurf (Juni 1987).

Der Verkehrsstandort Brigittenau

Roland Peter Herold

Historische Verkehrsgeschichte

Ein neues Zeitalter begann mit der Eisenbahn

Zu Beginn des 19. Jahrhunderts wurde die Sinnhaftigkeit Bahnen zu bauen, stark bezweifelt, wie sich in einem Zitat von Kaiser Franz I. zeigen lässt, der meinte: „*... wozu Bahnen auf Schienen? ... Die Postkutschen hätten ja nicht einmal genügend Passagiere.*" Doch einige Wochen nach dem Tod des Monarchen entschloss sich Baron Rothschild, ein von dem Techniker Franz Xaver Riepel entworfenes Projekt einer Schienenbahn von Wien in die Kohlenreviere Mährisch-Ostrau zu verwirklichen. Mit den Worten: „*Allerdurchlauchtigster Kaiser und Herr!*" (gemeint ist hier sein Nachfolger Kaiser Ferdinand) beginnt das Schriftstück des Baron Rothschild, in dem das Finanzkonsortium um die Erteilung des Privilegs zum Bau einer Eisenbahn zwecks Güterbeförderung und „*Verführen von Personen*" ansucht, „*in der gründlichen Überzeugung, dass die Realisierung dieses großen Vorhabens dem Staatswohl ebenso als auch dem Privatinteresse nützen würde.*"

Nach Erlangen der Bewilligung, bei dem der Kaiser die Bezeichnung „Kaiser-Ferdinands-Nordbahn" verlangt hatte, begannen die Arbeiten an dem ersten Teilstück von Floridsdorf nach Deutsch-Wagram, wo bereits am 23. November 1937 die erste Probefahrt stattfand. Es war eine „wahre Völkerwanderung", die sich da über die Taborbrücke auf den Platz des Geschehens zubewegte. Über dieses Ereignis berichteten einige Wiener Blätter, darunter auch die von Adolf Bäuerle herausgegebene „Theaterzeitung". „*Als ich um 10 Uhr morgens ankam*", berichtete F. C. Weidmann, „*zeigte sich ein ebenso grandioses als auch bewegtes Bild. Tausende Neugierige bedeckten den geräumigen, von bunt bewimpelten Tribünen um-*

säumten Abfahrtsplatz ... hoch auf wirbelte der Rauch aus der schönen Lokomotive ‚Austria', die die acht Wagen in schneller Geschwindigkeit dahinzog.“ – An der vorläufigen Endstelle hatte ein Gastwirt namens Weißenberger eine ”Stationshütte” errichtet, in der die Zugsgäste und das Publikum essen und trinken konnten. Auch Erzherzog Karl, der Sieger von Aspern, war ebenso unter den Reisenden wie Franz Grillparzer, der jedoch nicht in den allgemeinen Jubel einstimmte und sich in seinem Bericht eher kritisch äußerte. Und als sich einige kleine Unfälle ereigneten, schlug er sogar vor *„... aus Billigkeitsgründen das Passagiergeld erst bei der Ankunft zu zahlen. Auf diese Weise blieben die Toten ganz frei und die Verwundeten würden zahlen nur nach dem Verhältnis der übergebliebenen Gliedmaßen.“*

Doch so schlimm war es nun auch wieder nicht und die Dampfeisenbahn erfreute sich bald einer großen Beliebtheit beim Volk. Das Schienennetz wurde weiter ausgebaut und verlängert. Schließlich entstanden weitere Linien. So bekam die Brigittenau drei Eisenbahnen, die bis heute noch in Betrieb sind: Die alte Nordbahnstrecke, auf der heute eines der wichtigsten Nahverkehrsmittel – die Schnellbahn – fährt, die Nordwestbahn, heute nur mehr für den Güterverkehr in Betrieb, und die Donauuferbahn. Auf der letzteren fuhren auch Personenzüge über Heiligenstadt kommend, mit Anschluss an die Ostbahn. Diese Bahn hatte bei der „Kaiser-Franz-Josephs-Brücke“ – der heutigen Floridsdorfer Brücke – eine Haltestelle mit der Bezeichnung „Brigittenau – Zwischenbrücken“. Nach langer zeitlicher Unterbrechung gibt es jetzt wieder mit der S 45 eine Verbindung vom Handelskai über die Vorortelinie zur Westbahn.

Nordwestbahnhof - eine Halle für viele Zwecke

Die Bahnen im Wiener Raum endeten alle an Kopfbahnhöfen. Ein Zentralbahnhof wurde zwar immer wieder diskutiert, aber nie realisiert. Als letzter dieser Kopfbahnhöfe wurde der Nordwestbahnhof im Jahre 1873 fertig gestellt. Durch Aufschüttung von 3,20 m des Geländes wurde er – mitten im

Nordwestbahnhof um 1873

Grünen – nach Plänen von Wilhelm Bäumer an jener Stelle errichtet, wo einst das „Universum“ stand. Die Bauleitung der Bahn hatte Baudirektor Wilhelm Hellwag übernommen, der auch der Erbauer des St. Gotthard-Tunnels war. Die Nordwestbahn, damals unter der Bezeichnung „k.k. priviligierte Nordwestbahn“, fuhr bis zur Ostsee, Berlin und Dresden. 1898 fand die Enteignungsverhandlung für den Bau eines zweiten Gleises statt. Jetzt musste auch die Verbreiterung des Dammes in der Brigittenau durchgeführt werden. Das zweite Gleis wurde schließlich 1908 fertig gestellt. Ein Jahr später erfolgte die Übernahme in den Betrieb der Staatsbahn. Ein Ersuchen der Bezirksvertretung des 20. Bezirkes, eine Haltestelle beim Handelskai zu errichten, wurde seitens der Staatsbahndirektion abgelehnt.

Doch zurück zur Geschichte des Nordwestbahnhofes: Attentate, Vergnügungsveranstaltungen, Propagandareden und Ausstellungen wurden hier durchgeführt. Am 11. Februar 1913 kam der sozialdemokratische Politiker Franz Schuhmeier von einer Wahlveranstaltung in Stockerau am Nordwestbahnhof an. Paul Kunschak, der von seinem Arbeitgeber gekündigt wurde und in der Folge mehrmals seinen Arbeitsplatz wechseln musste, gab der Sozialdemokratie die Schuld an seinem Schicksal und erschoss Schuhmeier aus Rache beim Verlassen des Bahnhofes. Das Begräbnis Schuhmeiers war eine der größten Massendemonstrationen vor dem Ersten Weltkrieg.

Aufgrund des stark zurückgehenden Verkehres nach Mähren wurde der Personenverkehr 1924 eingestellt. Die wenigen, noch verkehrenden Züge fuhren vom Nordbanhof ab. Die funktionslos gewordene Halle des Nordwestbahnhofes wurde daraufhin für kulturelle und politische Veranstaltungen adaptiert. 1927 zog hier „der Winter" ein. Auf einer mit Kunstschnee überzogenen schiefen Ebene konnte man Schi fahren, auch eine Sprungschanze war hier eingebaut worden. Ein Engländer namens Laurence Clarke Ayscough hatte durch ein Gemisch aus Wasser und einigen geheim gehaltenen Chemikalien diesen Kunstschnee „erfunden" und der Norweger Dagfins Carlsen, ein bekannter Schiläufer, war der Veranstalter und Financier dieser Attraktion.

Die Eröffnung dieses „Schneepalastes" fand am 26. November 1927 statt. Als nach 17.30 Uhr Bürgermeister Seitz seinen Dienstwagen bestieg und einige Meter zurückgelegt hatte, lief ein Mann auf das Auto zu und versuchte einen Schuss abzugeben, doch die Waffe versagte. Der Attentäter versuchte es noch einmal. Der Schuss zertrümmerte das Seitenfenster des Wagens. Ein dritter Schuss verfehlte den Bürgermeister knapp und blieb in der Polsterung stecken. Darauf sprang der Schütze auf einen vorbeifahrenden Wagen der Linie O auf. Der ihn verfolgende Revierinspektor Mitschka konnte ihn überwältigen. Der Attentäter Richard Strebinger, ein 24-jähriger Elektromonteur, Mitglied der monarchistischen Vereinigung „Ostara", wurde im Prozess vom 10. Mai 1928 zu zwei Jahren schweren Kerker verurteilt.

Nach der „Heimführung Österreichs ins Deutsche Reich", wie sich Adolf Hitler ausdrückte, fand am 26. März 1938 eine Rede von Hermann Göring gegen den politischen Katholizismus statt und am 9. April sprachen Hitler und Goebbels in dieser Halle. Wenig später wurde hier die antisemitische Propaganda-Ausstellung „Der ewige Jude" abgehalten, die u.a. der Auftakt zu den großen Judenverfolgungen war. Am Ende des Zweiten

Weltkrieges wurden sowohl der Nordwestbahnhof als auch die Nordwestbahnbrücke durch Luftangriffe und Sprengungen zerstört. Die Brücke jedoch wurde bereits im August 1945 wieder instand gesetzt. So konnte der Betrieb der Nordwestbahn wieder aufgenommen werden. Der Gesamtbetrieb dieser Bahn hatte somit vom 1. Juni 1872 bis 31. Jänner 1924, vom 1. November 1943 bis April 1945 und schließlich vom 20. August 1945 bis 30. Mai 1959 bestanden. 1952 wurde der letzte Rest des völlig zerstörten Bahnhofsgebäudes abgetragen. Heute befindet sich auf diesem Areal Wiens größter Container-Bahnhof mit zahlreichen Lagerhallen und Büros verschiedener Speditionsfirmen.

Ein Bahnhof, größer als die halbe Brigittenau

In den Jahren 1911 und 1912 wurde sehr lebhaft über den Bau eines Wiener Zentralbahnhofes bzw. dessen möglichen Standort diskutiert. Eine Kommission wurde beauftragt, die Grundlagen dazu zu erstellen. Im Protokoll vom 19. November 1912 der Wiener Bahnhofskommission können wir die Rede von Ministerialrat Dr. Geutebrück, k.k. Nordwestbahndircktor, zu diesem Thema nachlesen:

> *„Zur Beurteilung liegen zwei Projekte für die Zentralisierung der Verkehre der Nordbahn, Nordwestbahn, Franz-Josephs-Bahn und der nördlichen Linien der Staatseisenbahngesellschaft und zwar die Zusammenfassung einerseits auf dem Nordwestbahnhof, anderseits auf dem neu zu errichtenden Bahnhof in Heiligenstadt vor ... Während sich vom betriebstechnischen Standpunkt beide Projekte an Vor- und Nachteilen die Waage halten ... ist ihre örtliche Lage im Weichbild von Wien in Betracht zu ziehen." Und weiter heißt es, „dass in Zukunft die geschäftliche Entwicklung Wiens nicht in Richtung Kahlenberg, sondern an der Donau liegt, und demnach der zwischen Berg und Wasser und hohen Eisenbahnviadukten eingeklemmte Bahnhof Heiligenstadt sich vom Geschäftsverkehr immer*

mehr entfernen muss, während der ohnehin günstiger gelegene Nordwestbahnhof diesem Verkehr immer näher kommen wird.“

Zum Abschluss seiner Rede meinte Dr. Geutebrück, dass der neu zu errichtende Bahnhof Heiligenstadt eine unglückliche Lösung wäre und dem Aus- und Neubau des Nordwestbahnhofes der Vorrang zu geben sei.

In der Beilage ist diesem Protokoll ein Lageplan hinzugefügt. Dieser neue Zentralbahnhof hätte sich über die gesamte Länge der Brigittenau zu erstrecken. Der eigentliche Personen- und Güterbahnhof hätte das Gebiet von der Taborstraße bis zur Adalbert-Stifter-Straße mit einem Gleisanschluss zur Nordbahn in Höhe Traisengasse eingenommen. Der Abstellbahnhof mit den Kohlenhöfen, Werkstätten und Heizhäusern hätte sich vom Personenbahnhof bis zur Robert-Blum-Gasse fortgestzt. Die Seitenbegrenzung ist vom Gasbehälter Forsthausgasse bis Handelskai eingezeichnet. Zum Ausbau dieses gigantischen Eisenbahnprojektes kam es infolge des Ersten Weltkrieges nicht mehr und danach endete die Nordwestbahn an der neuen österreichischen Grenze.

Die Pferdebahn zum Colosseum

Den Ausschlag zum Bau dieses ersten „Massenverkehrsmittels“ gab das Vergnügungsetablissement „Colosseum“, das sich in der nördlichen Brigittenau befand. Anton Czermark, Besitzer einer Südfrüchte- und Weinhandlung am Graben, erwarb einen Tanzsaal mit Nebengebäuden und stattete diesen sehr vornehm aus. Anfangs für geschlossene Gesellschaften gedacht, wurde der Saal später für öffentlich zugängliche Veranstaltungen geöffnet. Der Zuspruch war sehr gering und Czermark verkaufte Grund und Gebäude dem Architekten Karl Hoer, der es zu einem Unterhaltungslokal ausbaute. Attraktionen wie das Riesenfass mit einem Speisesaal im Inneren und der berühmte Riesenelefant mit dem darin befindlichen Tanzsaal waren hier zu finden. Viele Vergnügungen und Belustigungen, die wechselten bzw. durch neue ersetzt wurden, fanden auf dem großen Areal statt und machten es bei der Bevölkerung sehr beliebt.

Um den weiten Weg von der Stadt zu verkürzen, ließ Hoer 1840 eine Pferdebahn bauen. Sie führte entlang des Donaukanals, über den heutigen Gaußplatz und die Jägerstraße zum Colosseum. Das Besondere dieser Bahn war, neben der Verwendung von Holzschienen, dass das Pferd zwischen zwei Wagen eingespannt war, sodass ein Wagen geschoben, einer gezogen wurde. Der Kutscher saß hinter Wagen und Pferd und konnte seinen Sitz je nach Fahrtrichtung vertauschen. Als es im Jahre 1841 zu einem Unfall kam, sagte der Kutscher aus, dass er nicht gesehen habe, was vor dem vorderen Wagen war. Aufgrund der Konstruktion der Bahn und des Umstands, dass schienengebundene Fahrzeuge Vorang hatten, wurde der Kutscher freigesprochen. Am 26. Juni 1842 wurde der Betrieb dieser Pferdebahn, der Ersten dieser Art in Wien, eingestellt.

Die erste Elektrische

Durch die Brigittenau fuhr seit 1886 die Dampftramway von der heutigen Augartenbrücke nach Stammersdorf und eine Pferdebahn vom Nordbahnhof kommend über die Brigittabrücke (heute Friedensbrücke) in den heutigen 9. Bezirk. Die Dampftramway wurde anfänglich von der Firma Krauss & Co. betrieben, die auch die Lokomotiven herstellte. In der Brigittenau standen zweiachsige Loks mit 60 PS in Verwendung. Da auch Güterwagen, die ausschließlich Gemüse und Obst aus den nördlichen Regionen Wiens nach Wien brachten, meist morgens und abends an die Züge gekuppelt waren, hieß diese Tramway im Volksmund auch „Bauerntramway". Ein Exemplar dieser Lokomotiven ist heute noch im Erdberger Straßenbahnmuseum zu sehen.

Die Tramway fuhr bis 1910 und wurde dann vom elektrischen 31er ersetzt. Dieser war jedoch nicht die erste Elektrische in unserem Bezirk. Am 28. Jänner 1897 wurde der elektrische Betrieb auf der bis dahin mit Pferden betriebenen Strecke aufgenommen, auf der heute die Linie 5 fährt. Die

9,7 km lange Strecke führte von der Kronprinz-Rudolf-Straße (heute Lassallestraße) durch die Brigittenau in die Wallgasse. Sie hieß damals „Transversallinie“, die mit einem Liniensymbol gekennzeichnet war. Die Ziffern- und Buchstabenkennzeichnung gab es erst später. 30 zweiachsige Motorwagen wurden von der Grazer Waggonfabrik (heute SGP) geliefert. Die Wagen hatten eine Länge von 8 m, waren 2 m breit und wiesen 20 Sitzplätze auf. Im Mittelgang war es verboten zu stehen, da ein „Überfüllungsverbot“ aus der Zeit des Pferdebetriebes bestand, das streng eingehalten wurde. Da die Bevölkerung von diesem neuen Verkehrsmittel begeistert war, stieg die Zahl der Fahrgäste rasch an.

Von Anfang an war der Betrieb mit Beiwagen vorgesehen, doch erlaubte die Behörde nur einen „Anhängerwagen“. 30 kleine ehemalige Pferdetramwaywagen wurden für den elektrischen Betrieb umgerüstet und konnten daher aufgrund des geringen Gewichtes nicht mit einer vom Motorwagen gesteuerten Betriebsbremse ausgestattet werden. So musste der Beiwagenschaffner mitunter mit der Handbremse des Wagens mitbremsen.

Historische Linienführungen

Den N-Wagen, der heute durch die Dresdner Straße fährt, gab es, allerdings auf der Strecke Wexstraße–Troststraße, bereits 1907 bis 1913. Bis 1945 fuhr er dann nur mehr die Strecke Brigittenau–Ring–Brigittenau und in entgegengesetzter Richtung über Kai und Ring als Nk. Die Linie O hatte ihre Endstation erst in der Dresdner Straße (vor der Adalbert- Stifter-Straße), dann am Friedrich-Engels-Platz. Die Linie V (1908–1944) hatte ihre Endstelle am Handelkai und der 3er fuhr von 1907 bis 1945 vom 5. Bezirk zum Nordwestbahnhof und wurde in den Messezeiten zur „Rotunde“ verlängert. Auch einen 15er gab es; er fuhr in der Zeit von 1912 bis 1942 vom Wallensteinplatz zum Gellertplatz. Schließlich noch die vielen Varianten wie: 31, 32, 132, 133, 231 und 331, die alle eine gemeinsame Stammstrecke hatten: Floridsdorf bis Stromstraße und Gaußplatz bis Schottenring. Zuletzt zur Situation, wie sie sich heute darstellt: Die Linie N fährt dort, wo einst der O-Wagen fuhr. Der N fuhr dort, wo der 33er einst und heute der 32 fährt, und der 33 befährt heute jene Strecke, auf der einst der 31/5 gefahren ist. Etwas verwirrend, die Brigittenauer Straßenbahngeschichte?

Die erste und zweite Donauregulierung – eine zwingende Maßnahme zum Schutz von Wien

Am 12. März 1969 beschloss der Wiener Gemeinderat den Baubeginn des absoluten Hochwasserschutzes für Wien. 100 Jahre vorher einigte man sich über die Kostenaufteilung der ersten Donauregulierung, wonach ein Drittel der „Staatsschatz" (= heutiges Bundesbudget), ein Drittel das Land Niederösterreich und das letzte Drittel die "Commune Wien" zu bezahlen hatte. Die Gesamtkosten waren mit 24,6 Mill. Gulden berechnet worden. Mit dem Gemeinderatsbeschluss von 1969 wurde das Ende einer jahrelangen Diskussion über die seit dem Hochwasser 1899, also nach der ersten Donauregulierung, immerwährenden Überschwemmungen, vor allem am rechten Donauufer, gesetzt.

Die Donau – eine ständige Gefahr für Wien

Bis 1875 floss die Donau in stark verzweigten Nebenarmen durch unser Gebiet. Die ersten überlieferten Aufzeichnungen, die über den Kampf mit der Donau berichteten, stammen aus dem Jahre 1012. In einer Urkunde der Babenberger wurde bestimmt, dass *„alles von den fressenden Wassern Weggerissene und wieder Aufgefundene seinen Eigentümern zurückzugeben ist"*. Damals floss die Donau noch nahe an Wien vorbei. Der Name „Maria am Gestade" weist noch heute auf das damalige Ufer hin.

1590 erfolgte ein Durchstich im Norden Wiens durch Freiherr von Hoyos zur Begradigung des „Wiener Armes", des heutigen Donaukanals, um eine Verbesserung der Aufteilung des Wassers zu erreichen. In der Nähe des Neutores befand sich die alte Kriegsschiffswerft und der Hafen der Streitschiffe, die zur Verteidigung der Stadt notwendig waren. Es lagen die Galeoten und Nassauer Schiffe, aber auch die Schiffe der Gesandten der Hohen Pforte vor Anker. Maximillian I. gilt als Begründer der österreichischen Donauflottille. 1770 ließ Karl VI. neun Kriegsschiffe bauen und mit 400 Kanonen bestücken. Einige von ihnen waren an der Belagerung und Eroberung von Belgrad beteiligt, einige hatten einen zu großen Tiefgang, sodass sie bereits unterhalb von Wien auf Grund liefen.

1773 gründete Kaiserin Marie Theresia die „k.u.k. Navigationsdirektion" und beauftragte sie mit den Regulierungsarbeiten aus der damaligen mititärstrategischen Sicht. Am 28. Februar 1784 standen die Brigittenau und die Leopoldstadt unter Wasser und das so genannte „Allerheiligenhochwasser" von 1787 verwüstete das Gebiet abermals. Das Hydrographische Amt hatte das damalige Maximalhochwasser bei Wien mit 14.000 m^3 Durchflussmenge berechnet.

1810 wurde ein Plan von Josef Schemerl vorgelegt, der für die Donau mit Ausnahme des Donaukanals ein Flussbett vorsah. Doch Schemerls Idee kam zu früh. Die Technik war für dieses Bauvorhaben noch nicht weit genug fortgeschritten und so wurde dieser Plan „abgelegt". Nach der Aufnahme der Dampfschiffverbindung von Wien nach Budapest und dem Hochwasser von 1830 wurde der Ruf nach einer Regulierung wieder laut. Eine Kommission, die dafür gegründet wurde, hatte folgende Aufgaben: die Regulierung des Hauptstromes, die Schiffbarmachung des Donaukanals und die Errichtung einer dem Hochwasser und Eisstoß widerstehenden Brücke. Doch die Arbeiten an diesem Projekt kamen bald ins Stocken und es geschah praktisch nichts.

In dieser Zeit, so erzählt eine Anekdote, kam ein Engländer mit dem Dampfschiff in Wien an und war nicht zu bewegen, das Schiff zu verlassen. Er schob seine Pfeife von einem Mundwinkel in den anderen und erklärte, gelesen und gelernt zu haben, Wien sei eine *„Kaiserstadt an der Donau"*, doch hier, wo er aussteigen sollte, sei von einer Stadt oder gar von einer Reichshaupt- und Residenzstadt nichts zu sehen. Nichts als Auwälder! Als man ihm in der Ferne die Spitze des Stephansdomes zeigte, von dem er sicherlich gehört hätte, bestieg er kopfschütteld den wartenden Fiaker, um die *„stundenlange Fahrt durch den Urwald"* in die Stadt zu riskieren.

Am 4. Februar 1862 kam es zur Katastrophe. Bereits am Nachmittag des Vortags mussten in der Brigittenau 234 und in Zwischenbrücken 84 Häuser geräumt werden, und das Wasser stieg weiter. Die Menschen wurden notdürftig in der Kavalleriekaserne, im Gasthaus „Zum Rehbock" und in der Maschinenhalle der Nordbahn untergebracht. Zwischen Nußdorf und Erdberg, so berichtete die „Wiener Zeitung", gab es 80.000 vom Hochwasser betroffene Menschen.

Dieses Hochwasser gab den Ausschlag zur Wiederaufnahme der Arbeit in der Donauregulierungskommission. Engerth, Wex, Pasetti und Wehli waren einige der Kommissionsmitglieder, deren Namen noch heute in Straßenbezeichnungen allgegenwärtig sind. Zu den bestehenden Aufgaben kamen noch die Errichtung einer Schleusenanlage in Nußdorf und im Donaukanal sowie die Errichtung eines Winterhafens. Aus den eingereichten Projekten wurde jenes realisiert, welches ein neues, leicht gekrümmtes Donaubett vorsah – und nachdem die finaziellen Schwierigkeiten geklärt waren, konnte am 14. Mai 1870 der Spatenstich vorgenommen werden.

Von der ersten Donauregulierung zum Hochwasserschutz

Mit der Abdichtung durch den „Rollerdamm" im Norden begannen die Arbeiten zur Donauregulierung, bei der zur Herstellung des neuen Flussbettes auch Dampfbagger, die beim Bau des Suez-Kanales verwendet wurden, zum Einsatz kamen. Sämtliche Donaubrücken, mit Ausnahme der Nordwestbahnbrücke, die oberhalb des Rollerdammes errichtet wurde, konnte im „Trockenen" gebaut werden. Von der Fertigstellung dieser Regulierungsarbeit lesen wir in einem Dienstprotokoll vom 15. April 1875:

> *„Obwohl die Eröffnung für den 19. d. M. festgelegt ist, musste der diensthabende Ingenieur den Damm um halb vier Uhr nachnittags*

öffnen lassen, da gewaltige Wassermassen Teile des Dammes und der seitlichen Befestigungen wegrissen. Diese mussten in aller Eile abgedichtet werden."

Die feierliche Eröffnung durch Kaiser Franz Joseph fand wie geplant am 19. April mit dem Dampfschiff „Maria Anna" statt, das durch das neue Strombett donauaufwärts dampfte.

Als Wehranlage bei Nußdorf diente zunächst – aus finanziellen Gründen – ein Sperrschiff oder *„Schwimmthor"*, wie es sein Konstrukteur Freiherr von Engerth nannte. Dieses versah seinen Dienst bis zur Errichtung der Nußdorfer Schleuse im Jahr 1898. Die „Schemerl-Brücke", wie der offizielle Name lautet, ist nach Josef Schemerl benannt, dessen Regulierungsplan erst rund 50 Jahre später verwirklicht wurde. Ein Jahr später gab es wieder Hochwasseralarm. Hier zeigte sich, dass die Donauregulierung auf das rechte Ufer wenig Rücksicht genommen hatte und die höher gelegenen Straßenzüge der Wehli- und Engerthstraße im Hochwasserbereich lagen. Seit dieser Zeit war eine „Zweite Donauregulierung" im Gespräch. Es gab einige Projekte in der Zwischenkriegszeit, wobei auch die Bezeichnung „Entlastungskanal" erstmals erwähnt wurde, aber es wurden keine derartigen Maßnahmen getroffen.

Im Sommer 1954 brach die Donau erneut mit Gewalt über Wien herein. Fast wäre es zu einer Katastrophe gekommen, hätte nicht ein Kälteeinbruch in den Gebirgsregionen den Schmelzwasserabfluss verzögert. Die aufgetretenen Schäden waren groß und das Problem Hochwasserschutz wieder aktuell.

Am 12. März 1969 beschloss der Wiener Gemeinderat den Bau des Entlastungsgerinnes und der Donauinsel. Diese „Zweite Donauregulierung" bietet einen absoluten Schutz vor Hochwasser für rund 65 km^2 des Wiener Gebietes, das sind große Teile der Bezirke 2, 20, 21 und 22 mit rund 400.000 Einwohnern. Bis zu 14.000 m^3 (das sind 14 Millionen Liter!) Wasser pro Sekunde können nun abfließen, ohne dass Hochwassergefahr eintritt. Dieser Hochwasserschutz bedeutet, dass die Überschwemmungskatastrophen der Vergangenheit angehören und darüber hinaus eine moderne städtebauliche Lösung im Sinne des Umweltschutzes gegeben ist. Für die Brigittenau aber stellt sie eine grüne Promenade für Erholung und Freizeit dar.

Ein vergessener Held

Josef Kuntner, ein Brigittenauer Gärtner, rettete 52 Personen während der großen Überschwemmung der noch unregulierten Donau im Jahre 1862. Sie waren auf die Dächer ihrer Häuser geflüchtet. Mit einer Zille fuhr er unermüdlich helfend von Haus zu Haus trotz großer Kälte und Strömung.

Für seine tapfere und freiwillige Rettungsarbeit wurde er von Kaiser Franz Joseph, der auch ins Katastrophengebiet kam und ihn dabei persönlich kennen lernte, ausgezeichnet und zum „Waisenrat" ernannt. Kuntner wohnte Ecke Leithastraße/Stromstraße. Er starb im Jahre 1900.

Das Hochwasser erreichte eine Höhe von 2 m. Kalter Wind erschwerte die Rettungsarbeiten der Pioniere, die von 323 Häusern die Betroffenen in Sammelquartieren unterbringen mussten. Diese befanden sich in der Reiterkaserne am Donaukanal, in der Waschanstalt gegenüber dem Augarten und im Gasthaus „Zum Rehbock".

Verwendete Literatur:

Czeike, Felix: Wien-Lexikon
Sekora, Paul: Aufzeichnungen zur Brigittenauer Geschichte
Strach: Eisenbahngeschichte Österr.-Ungarns
Technischer Führer durch Wien
Klusacek, Christine: Beiträge in Wien aktuell

Ferdinand Klasz

Das neue Verkehrskonzept für Wien und dessen Umsetzung im 20. Bezirk

Der Magistrat ist beauftragt worden, bis zum Jahresende 1993 ein Verkehrskonzept vorzulegen, das den weit reichenden Veränderungen Rechnung trägt, die seit Ausarbeitung der Verkehrskonzeption 1980 eingetreten sind. Das „Generelle Maßnahmenprogramm" folgt den Prioritäten, wie sie in den „Leitlinien" am 19. März 1993 vom Wiener Gemeinderat beschlossen wurden.

- Bei Bevorrangung des Fußgängerverkehrs soll das seine Bedeutung für das Leben in der Stadt widerspiegeln, denn: FußgängerInnen sind die „stadtverträglichsten" Verkehrsteilnehmer überhaupt.
- Der öffentliche Verkehr ist der Hoffnungsträger bei der Verkehrsbewältigung von Großstädten. Hier sind außerordentliche Anstrengungen zur Attraktivierung dieses Verkehrsmittels, insbesondere zur Rückgewinnung des Verkehrsraumes notwendig, was gelegentlich zu Lasten des fließenden und ruhenden Autoverkehrs geht und Konflikte mit sich bringen kann.
- Kernpunkt bei der zielgerechten Abwicklung des Autoverkehrs, aber auch zur Neuverteilung des Straßenraumes ist die Bewältigung des ruhenden Verkehrs.
- Der motorisierte Individualverkehr wird durch die vorgenannten Schwerpunkte eingeschränkt. Dieses Einschränken ist einerseits durch die Ansprüche des Kfz-Verkehrs und andererseits durch den Wirtschaftsverkehr begrenzt. Ein Zurückdrängen des motorisierten Verkehrs kann nur gemeinsam mit der Attraktivierung der umweltfreundlichen Verkehrsarten gesehen werden.
- Der Radverkehr wurde früher zu wenig beachtet, er entwickelt sich nicht nur im Freizeit-, sondern auch im Berufsverkehr.

Die vorliegenden Leitlinien tragen dazu bei, dass dem täglichen „Kampf" um den knappen Straßenraum, den die schwächeren Verkehrsteilnehmer stets verloren haben, entgegengewirkt werden soll.

Es können hier nicht alle zukunftsweisenden Maßnahmen genannt werden, die in der Brigittenau bereits umgesetzt wurden. Eher ist es eine beispielhafte Aufzählung von Vekehrsattraktivierungen, die eines zum Ziel haben: den BürgerInnen eine Verbesserung der Lebensqualität im dicht verbauten Gebiet einer Großstadt, wie es schlussendlich der 20. Bezirk darstellt, zu gewährleisten.

Der Wiener Nordwestbahnhof

Der Terminal Wien-Nordwestbahn zählt heute zu den modernsten Umschlaganlagen seiner Art in Österreich und ist im Verkehrskonzept für Wien ein wesentlicher Bestandteil der Güterbahnhöfe.

1971 wurde die Südschleife vom Nordwestbahnhof in die Brigittenau eröffnet und damit war es möglich, die Güterzüge ohne Stürzen am Nordwestbahnhof in Richtung Wien-Donaukanalbahnhof und Erdberger-Lände beziehungsweise in Richtung Matzleinsdorf und zum Zentralverschiebebahnhof nach Kledering weiterzuführen.

Der Nordwestbahnhof ist nicht nur für den Kombiverkehr-Umschlag (Container-Sattelauflieger) im Wiener Raum von Bedeutung, sondern auch für den Stückgutverkehr. Von hier aus werden weite Teile Wiens sowie der im Norden und Osten angrenzende Teil Niederösterreichs im Flächenverkehr betreut. Der Bahnhof ist einer der größten Knoten im Express-Cargo-Angebot der ÖBB.

Der Nordwestbahnhof ist aber auch ein Umschlagort für hochwertiges Speditionsgut. 24 Speditionen und Unternehmen anderer Branchen haben sich auf dem Nordwestbahnhof niedergelassen und erledigen von hier aus ihre Geschäfte.

Vorortelinie S 45

Mit Eröffnung der U6-Nord nach Floridsdorf, deren größter Trassenanteil durch die Brigittenau führt, wurde auch eine Streckenerweiterung der S 45 vorgenommen. Im Stationsbauwerk „Handelskai“ ist derzeit die Endstelle vorgesehen und somit wurde die Trasse der S 45 von der Haltestelle „Floridsdorfer Brücke“ um 3 km stromabwärts auf den Gleisanlagen der Donauuferbahn verlängert.

Stationsbauwerk Handelskai – integriert sind die parallel liegenden Stationen der S-Stammstrecke und der U6, im rechten Winkel dazu die vorläufige Endstelle der Vorortelinie auf den Gleisanlagen der Donauuferbahn

Geschichtlich darf zur Stammstrecke der Vorortelinie (Hütteldorf–Heiligenstadt) erwähnt werden, dass deren Eröffnung 1898 erfolgte, die Streckenlänge 13 km betrug und die Fahrzeit dafür 31 Minuten in Anspruch nahm. Die Gesamtlänge der damals verwirklichten Stadtbahn betrug 89 km. Bei der Eröffnung fuhr Kaiser Franz Joseph mit seinem Hofzug von der Station Michelbeuern über die Gürtellinie nach Heiligenstadt, von dort über die Vorortelinie nach Hütteldorf, über die Wientallinie nach Meidling und über die Gürtellinie zurück nach Michelbeuern.

Dokumentation des Straßenneubaues im 20. Bezirk aus Sicht der letzten zehn Jahre

Die nachstehende Aufzählung der Straßenbauarbeiten umfasst den Neubau als auch nur das Aufbringen eines neuen Fahrbahnbelages.

Dort wo es galt Straßenzüge neu zu gestalten, wurden unter anderem nachstehende Kriterien beachtet:

- Verstärkte Maßnahmen zur Vergrößerung und Attraktivierung der Fußgängerbereiche. Vor allem dann, wenn hohe Passantenfrequenzen vorliegen, so im Bereich von sensiblen Nutzungen (Schulen, Krankenhäusern etc.).
- Die fußgängerfreundliche Gestaltung der Straßenräume betrifft aber auch die Sicherung der Querungsmöglichkeiten durch bauliche Maßnahmen, um die Verbcsserung der Zugänglichkeit von Stationen und Haltestellen der öffentlichen Verkehrsmittel zu gewähren.

Insgesamt wurden auch vorhandene Verkehrsanlagen nach und nach behindertengerecht ausgestaltet.

Straßenneubau im 20. Bezirk seit 1988

Stand: September 1998

Straßenneubau bzw. Belagserneuerungen seit 1988:

1. Adalbert-Stifter-Straße
2. Adolf-Gstöttner-Gasse
3. Allerheiligenplatz zw. Hellwag- und Donaueschingenstraße
4. Ausfahrt Forsthausgasse aus B 227
5. Bäuerlegasse
6. Brigittagasse zw. Brigittaplatz und Dammstraße
7. Brigittaplatz
8. Burghardtgasse zw. Leipziger Straße und Pappenheimgasse
9. Denisgasse zw. Pappenheimgasse und Romanogasse
10. Dresdner Straße zw. Adalbert-Stifter-Straße und Höchstädtplatz
11. Dresdner Straße zw. Winarskystraße und Kampstraße
12. Durchlaufstraße zw. Vorgartenstraße und Hellwagstraße

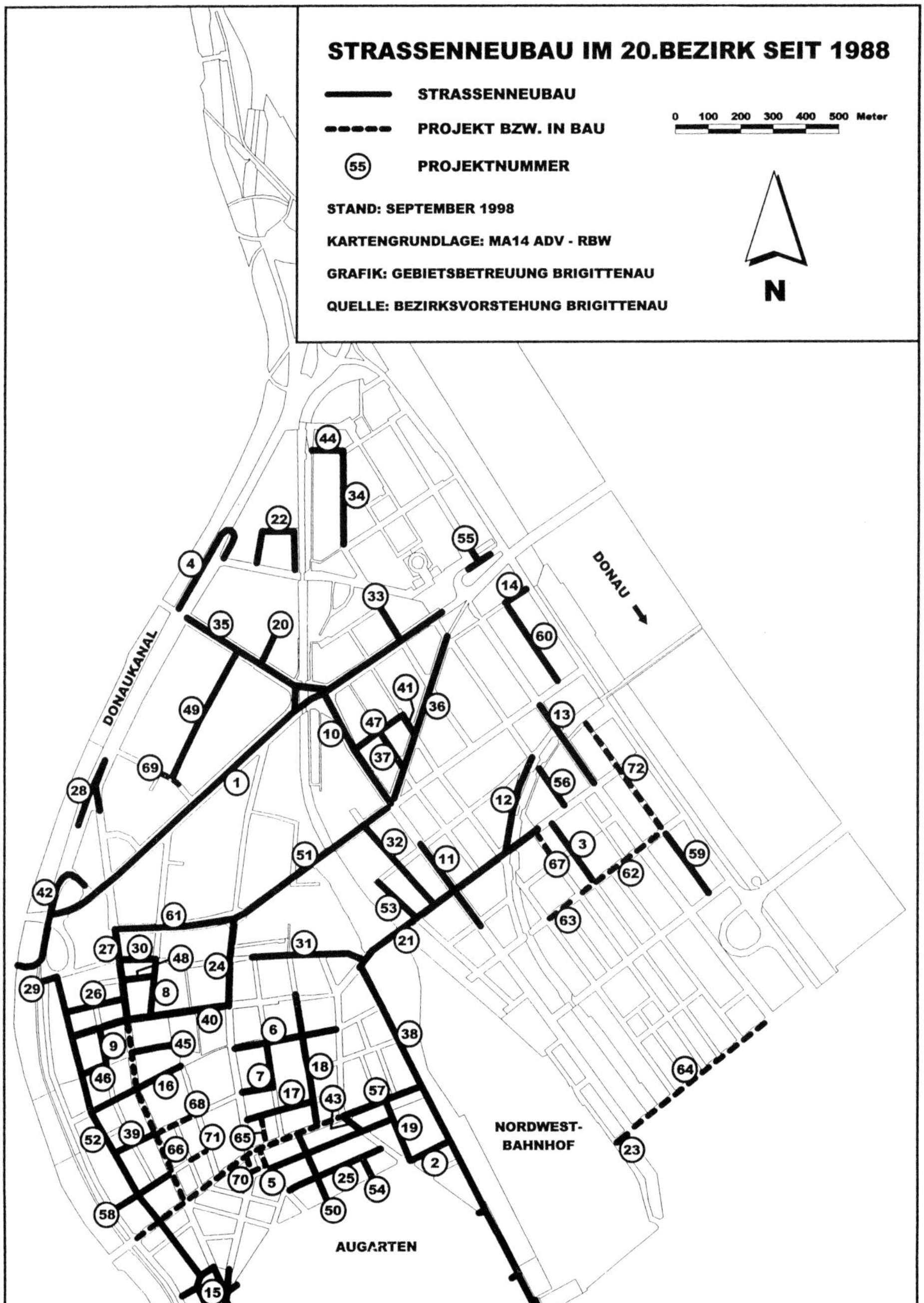
STRASSENNEUBAU IM 20.BEZIRK SEIT 1988
STRASSENNEUBAU
PROJEKT BZW. IN BAU
55 PROJEKTNUMMER
0 100 200 300 400 500 Meter
STAND: SEPTEMBER 1998
KARTENGRUNDLAGE: MA14 ADV - RBW
GRAFIK: GEBIETSBETREUUNG BRIGITTENAU
QUELLE: BEZIRKSVORSTEHUNG BRIGITTENAU
N
DONAU
DONAUKANAL
NORDWEST-
BAHNHOF
AUGARTEN

13. Engerthstraße zw. Stromstraße und Hellwagstraße
14. Friedrich-Engels-Platz zw. Wehlistraße und Handelskai
15. Gaußplatz mit Württemberggasse, Perinetgasse und Nebenfahrbahnen
16. Gerhardusgasse zw. Treustraße und Hannovergasse
17. Greiseneckergasse zw. Jägerstraße und Hartlgasse
18. Hartlgasse zw. Pappenheimgasse und Wallensteinstraße
19. Heistergasse
20. Helgolandgasse
21. Hellwagstraße zw. Nordwestbahnstraße und Leystraße
22. Hopsagasse
23. Innstraße zw. Rebhanngasse und Dresdner Straße
24. Jägerstraße zw. Stromstraße und Pappenheimgasse
25. Karajangasse
26. Karl-Czerny-Gasse
27. Klosterneuburger Straße zw. Wehlistraße und Pappenheimgasse
28. Kreuzungsplateau Brigittenauer Lände/Döblinger Steg/Klosterneuburger Straße
29. Leipziger Straße zw. Brigittenauer Lände und Treustraße
30. Leipziger Straße zw. Klosterneuburger Straße und Burghardtgasse
31. Leipziger Sraße zw. Raffaelgasse und Nordwestbahnstraße
32. Leithastraße
33. Leystraße zw. Lorenz-Böhler-Gasse und Adalbert-Stifter-Straße
34. Leystraße zw. Robert-Blum-Gasse und Aignerstraße
35. Lorenz-Müller-Gasse
36. Marchfeldstraße
37. Meldemannstraße zw. Schottenaugasse und Marchfeldstraße
38. Nordwestbahnstraße
39. Othmargasse zw. Treustraße und Klosterneuburger Straße
40. Pappenheimgasse zw. Treustraße und Jägerstraße
41. Pasettistraße zw. Schottenaugasse und Marchfeldstraße
42. Rampen der Gürtelbrücke/Brigittenauer Lände
43. Rauscherstraße zw. Wallensteinstraße und Bäuerlegasse
44. Robert-Blum-Gasse zw. Kornhäuselgasse und Leystraße
45. Romanogasse zw. Klosterneuburger Straße und Fußweg zum Markt
46. Romanogase zw. Treustraße und Denisgasse
47. Schottenaustraße
48. Spaungasse zw. Klosterneuburger Straße und Burghardtgasse
49. Spielmanngasse
50. Streffleurgasse

51. Stromstraße gerade ONr. zw. Jägerstraße und Dresdner Straße
52. Treustraße
53. Universumstraße zw. Winarskystraße und Hellwagstraße
54. Unterbergergasse
55. Vollanschluss Wehlistraße an Verbindungsrampe Friedrich-Engels-Platz
56. Vorgartenstraße zw. Durchlaufstraße und Hellwagstraße
57. Wallensteinstraße zw. Dammstraße und Nordwestbahnstraße
58. Webergasse zw. Brigittenauer Lände und Klosterneuburger Straße
59. Wehlistrße zw. Donaueschingenstraße und Traisengasse
60. Wehlistraße zw. Friedrich-Engels-Platz und Stromstraße
61. Wexstraße

Projekte:

62. Donaueschingenstraße zw. Leystraße und Engerthstraße
63. Donaueschingenstraße zw. Pasettistraße und Leystraße
64. Innstraße zw. Dresdner Straße und Engerthstraße
65. Kaschlgasse
66. Klosterneuburger Straße zw. Pappenheimgasse und Wallensteinstraße
67. Leystraße zw. Hellwagstraße und Allerheiligenplatz
68. Othmargasse zw. Klosterneuburger Straße und Hannovergasse (1998)
69. Plateau Dietmayrgasse/Spielmanngasse (1998)
70. Wallensteinstraße und Wallensteinplatz
71. Webergasse zw. Kluckygasse und Hannovergasse (1998)
72. Wehlistraße zw. Durchlaufstraße und Donaueschingenstraße

Radverkehrsanlagen in Wien – Radwegenetz in der Brigittenau großartig erweitert

1998 betrug die Mehrlänge der Radwege in Wien 713 km und ein nicht unwesentlicher Anteil verläuft im 20. Bezirk. Das war nicht immer so.

1970 zum Beispiel wurde eine Verkehrserhebung in Wien mit dem Ziel der Erfassung von Fahrzwecken und der Verkehrsmittelwahl durchgeführt. Dazu war das Radfahren damals noch kein Thema. Aber im Verkehrskonzept 1980 und ganz besonders im Verkehrskonzept 1993 wird dem Radfahrer breiter Raum gewidmet. Bedingt dadurch, dass eines der Hauptziele die Rückgewinnung von öffentlichen Flächen durch Reduktion des

Kfz-Verkehrs wurde. Diese gewonnenen Freiflächen konnten nunmehr anderen Nutzern zugeordnet werden. Dieses Hauptziel impliziert ein geändertes Verkehrsverhalten in der Stadt. Schwerpunktmäßig soll daher ein zusammenhängendes Radfahrernetz unter Einsatz aller zur Verfügung stehenden verkehrsorganisatorischen Maßnahmen wie

- Radweg
- Geh- und Radweg
- Radfahrstreifen
- Mehrzweckstreifen und
- Öffnung von Einbahnstraßen im untergeordneten Straßennetz für den Radfahrer geschaffen werden.

Ziel dieses Maßnahmenbündels ist mittelfristig die Verdoppelung des Radverkehrsanteiles in der Stadt von 3 auf 6%. Die angestrebte Verdoppelung soll zu Lasten des motorisierten Individualverkehrs erfolgen, der bis zum Jahre 2010 auf 24% reduziert werden soll.

Die derzeitige Verkehrsmittelwahl in Wien teilt sich wie folgt auf:
37% motorisierter Individualverkehr
37% öffentlicher Verkehr
23% zu Fuß
3% Rad

Das Umsetzen der neuen Leitlinien für den Fahrradverkehr bedingen unter anderem aber auch das Freisetzen von Budgetmitteln und das Ändern der gesetzlichen Rahmenbedingungen in der Straßenverkehrsordnung.

In diesem Sinne wurde das Angebot an Fahrradwegen in der Brigittenau in den letzten zehn Jahren wesentlich erhöht. Galt es doch früher nur in den Erholungsräumen wie entlang des Donaukanals oder der Donau zu radeln, so besteht nunmehr die Möglichkeit, den Bezirk zwischen den beiden Wasserstraßen mehrfach zu queren. Besonders sei hier der Radweg Leipziger Straße – Hellwagstraße erwähnt, der im Rahmen des U-Bahn-Baues im Zuge der neuen Oberflächengestaltung entstand.

Apropos U-Bahn: Seit der Inbetriebnahme der U6 gibt es für die RadfahrerInnen der Brigittenau nunmehr die Möglichkeit, mit ihrem Rad die „hauseigene“ U-Bahn zu besteigen, um auch andere Radwege in Wien kennen zu lernen.

Gerhard Blöschl

U-Bahn

Der U-Bahn-Bau erreicht die Brigittenau

Mit dem Ziel der Wiener Stadtregierung, die EXPO im Jubiläumsjahr 1995 gemeinsam mit Budapest als Völker verbindende Veranstaltung weit über die Grenzen der damals noch existenten Machtblöcke hinaus zu gestalten, war indirekt auch der Startschuss für den U-Bahn-Bau in der Brigittenau gegeben.

Sobald der Standort für das EXPO-Gelände vor der UNO-City feststand, bemühte sich Wien im Rahmen von Verträgen mit dem Bund, im Hinblick auf die EXPO das S- und U-Bahn-Netz auszubauen.

Dies gelang mit dem Übereinkommen vom 27. 6. 1990. Darin konnte mit dem Bund unter anderem eine 50%ige Kostenbeteiligung des Bundes an den Herstellungskosten – samt Wagenpark und Oberflächenherstellung – der Verlängerung der U-Bahn-Linie 6 nach Floridsdorf vereinbart werden.

Damit stand ein uralter Wunsch der Wiener Stadtplanung (bereits von Otto Wagner formuliert), die ehemalige Gürtelstammstrecke quer durch den 20. Wiener Gemeindebezirk bis ins Zentrum Floridsdorf zu verlängern, unmittelbar vor der Verwirklichung. Die U6-Nord war geboren.

Aufgrund der geplanten Fertigstellung – rechtzeitig vor EXPO-Beginn – fielen in der Folge die nötigen Entscheidungen ungewöhnlich rasch.

Auch der negative Ausgang einer späteren Volksbefragung im Mai 1991 zum Thema EXPO und die damit verbundene Einstellung aller weiteren EXPO-Bemühungen von Seiten Wiens konnte die U-Bahn-Linie 6 auf ihrem Weg in die Brigittenau nicht mehr stoppen.

Der U-Bahn-Bau beginnt

Fast gleichzeitig mit Baubeginn der U-Bahnlinie 6 im 20. Bezirk am 14. März 1991 hielten die Großgeräte Einzug in die Brigittenau.

Waren es im Zuge der Vorarbeiten noch kleinere Baugeräte, die für die erforderlichen Baugrundaufschlüsse und Einbautenumlegungen – Umlegung der Ver- und Entsorgungsleitungen – verantwortlich waren, so dominierte ab März 1991 schweres Baugerät wie Schlitzwandbagger, Bohrpfahlgeräte, Radlader und mächtige Kräne das Gesicht der Brigittenau.

In den folgenden Monaten und Jahren wurde der Bezirk in Ost-West-Richtung entlang der Verkehrsachse Leipziger Straße – Hellwagstraße richtiggehend durchgeschnitten. Die Straßenzüge Leipziger Straße, Hellwagstraße, Durchlaufstraße, Winarskystraße schienen zeitweise nur mehr auf Stadtplänen zu existieren. Der öffentliche als auch der Individualverkehr mussten sich teilweise völlig neue Routen durch den Bezirk suchen.

Die Anrainer, die anfangs durchaus skeptisch dem „Überfall der Maulwürfe“ gegenüberstanden, konnten durch umfassende Information und laufend abgehaltene Baustellenführungen sehr bald als Verbündete des U-Bahn-Baues gewonnen werden.

Nicht zuletzt deshalb konnten die Rohbauarbeiten für die ca. 2,5 km lange U-Bahn-Trasse in der Brigittenau im Juli 1994 nach knapp mehr als drei Jahren Bauzeit plangemäß abgeschlossen werden.

In dieser Zeit wurden, da ca. 1,6 km der U-Bahn-Trasse in einfacher Tieflage im Mittel 8 m unter Straßenniveau zu liegen kamen, ca. 270.000 m^3 Aushubmaterial bewegt. Zur Illustration dieser gewaltigen Menge Bodenmaterials kann man sich ein mittleres Fußballfeld (60 x 100 m) vorstellen, das mit Aushubmaterial ca. 45 m hoch bedeckt ist.

Stationsausbau und Oberflächenherstellung

Nach nicht ganz weiteren zwei Jahren, in denen schwerpunktmäßig die Stationen ausgebaut, Oberflächen wiederhergestellt, Straßenzüge neu gestaltet und völlig neue Grünbereiche im Zuge der U-Bahn-Trasse geschaffen wurden, war es am 4. Mai 1996 endlich so weit.

Mit der feierlichen Eröffnung der U6-Verlängerung nach Floridsdorf hielt das U-Bahn-Zeitalter Einzug in die Brigittenau.

Fest anlässlich der U-Bahn-Eröffnung in der Brigittenau am 4. 5. 1996

Seither besitzt die Brigittenau 2,5 km U-Bahn mit den Stationen „Jägerstraße", „Dresdner Straße" und „Handelskai". Die Brigittenau hat damit gemeinsam mit 12 anderen Bezirken Anteil an der U-Bahn-Linie 6, der mit 17,5 km längsten U-Bahn-Linie Wiens.

Besteht die Bedeutung der Stationen „Jägerstraße" (Umsteigen Linie 31, 33, 39A) und „Dresdner Straße" (Umsteigen Linie N, 5A, 35A) hauptsächlich in der Anbindung an das Sekundärnetz – Straßenbahn und Bus – im Bezirk, so stellt die Station „Handelskai" (Umsteigen Linie 5A,

11A) zusätzlich als Verknüpfung mit der Schnellbahnstammstrecke (S 1, S 2, S 3) und der Donauuferbahn (S 45) einen wichtigen Verkehrsknotenpunkt dar, dessen Bedeutung weit über die Bezirksgrenzen hinausgeht.

Mit der Anbindung des 20. Bezirks an das U-Bahn-Netz wurde die Brigittenau nicht nur an das derzeit leistungsfähigste und in der Bevölkerung bestens aufgenommene Nahverkehrsmittel Wiens angeschlossen. Vielmehr ist die Brigittenau damit dem restlichen Wien scheinbar ein Stück näher gerückt.

So beträgt die Fahrzeit vom Leipziger Platz zum Westbahnhof nur mehr 13 Minuten – und noch dazu ohne umsteigen zu müssen.

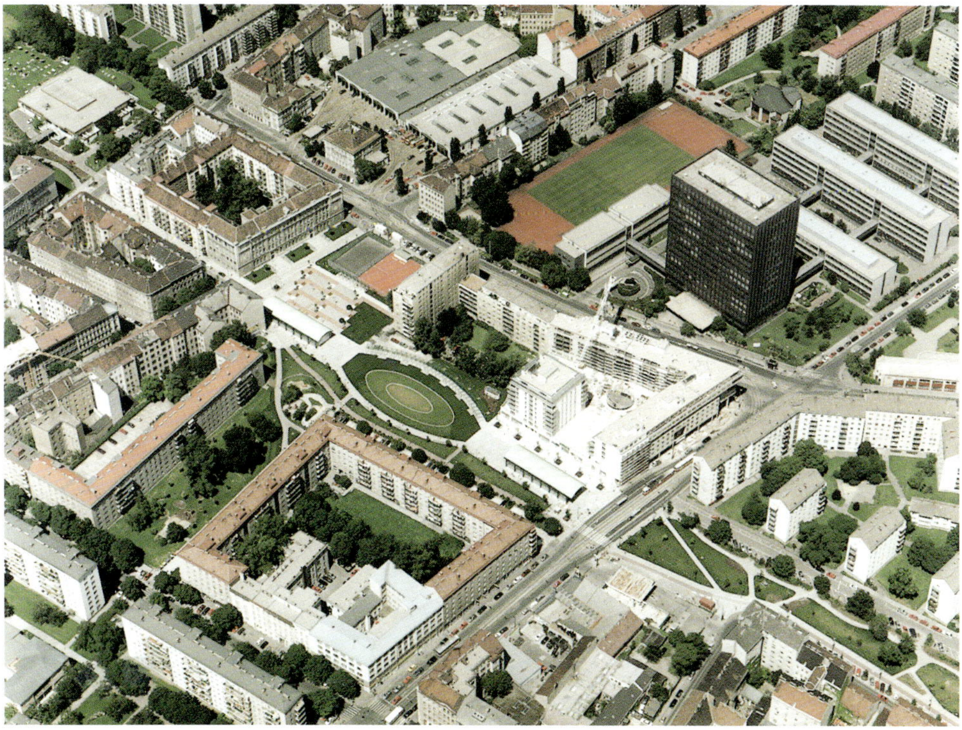

Luftaufnahme des im Zuge des U-Bahn-Baues völlig neu gestalteten Leipziger Platzes samt Leipziger Straße

Die U-Bahn bringt Architektur

Aber auch architektonisch konnte der U-Bahn-Bau dem Bezirk einiges bieten. Neben der Gestaltung der Aufnahmegebäude, die eine konstante Weiterentwicklung der Wiener U-Bahn-Architektur darstellen, entstanden im Rahmen des U-Bahn-Baues auch zwei neue Brücken in der Brigittenau.

Die Brücke über den Donaukanal setzt als moderne Schrägseilbrücke (Stahlbeton) völlig neue Akzente im Donaukanalbereich und ladet förmlich dazu ein, mit der U-Bahn – aber auch zu Fuß, mit dem Rad oder dem Auto – in die Brigittenau zu gelangen.

Die Donaubrücke wiederum wurde als reine Zweckbrücke in Form eines schlichten Durchlauftragewerkes (Stahlbrücke) im Schatten der bestehenden Eisenbahnbrücke gestaltet.

Im Bereich der Oberflächengestaltung bot der Bau der U6 die Möglichkeit einer Neugestaltung und Verbesserung der urbanen Situation entlang der gesamten Strecke.

Das grundsätzliche Ziel, entlang der gesamten U-Bahn-Trasse so weit wie möglich Grünschneisen zu schaffen, die Fuß- und Radwege aufnehmen können, um sich an einigen Stellen zu parkähnlichen Bereichen mit Kinderspielplätzen auszuweiten, wurde weitestgehend verwirklicht.

Es bietet sich nun ein Stadtbild mit Baumzeilen, neuen Bodenbelägen und innovativem Stadtmobilar – teilweise speziell für die Brigittenau entworfen – bestehend aus Beleuchtungskörpern, Sitzbänken, Pergolen und Papierkörben.

Damit konnte das Hochleistungsverkehrsmittel U-Bahn der Brigittenau eine Menge mehr geben als nur eine bessere Erreichbarkeit.

Die Straßenbahn

Das Straßenbahnnetz in der Brigittenau und seine Veränderungen mit Inbetriebnahme der U-Bahn-Linie 6

Linie N

Die Linie N wird über Friedrich-Engels-Platz, Marchfeldstraße, Höchstädtplatz und Dresdner Straße geführt.

Linie 5

Die Linie 5 wird in der Brigittenau in der Wallensteinstraße und Rauscherstraße geführt. Die Intervalle der Linie 5 wurden wegen der Überlagerung durch die Linie 33 im Abschnitt Wallensteinplatz – Josefstädter Straße entsprechend angepasst.

Linie 31

Die Linienführung der Linie 31 im 20. Bezirk erfolgt über Friedrich-Engels-Platz, Marchfeldstraße, Höchstädtplatz, Stromstraße, Wexstraße, Klosterneuburger Straße und Gaußplatz. Sie änderte sich insofern, als sie nun statt durch die Jägerstraße durch die Klosterneuburger Straße – also so wie vor der Netzänderung die Linie 32 – geführt wird.

Diese Routenänderung wurde notwendig, weil die Haltestelle „Gerhardusgasse" eine wesentlich höhere Fahrgastfrequenz aufweist als die Haltestelle beim Brigittaplatz. Die Gleisanlagen im Bereich zwischen Gaußplatz und Wallensteinplatz bleiben für allfällige Umleitungen und Betriebsfahrten weiter in Betrieb.

Die Betriebszeiten der Linie 31 wurden verlängert. Die Intervalle wurden wegen der Einstellung der Linie 32 in der Frühspitze von 5 auf 4, in der Nachmittagsspitze von 6 auf 5 Minuten verkürzt.

Linie 31/5

Die Linie 31/5, die bisher nur an Werktagen zur Hauptverkehrszeit als Verstärkungslinie für die Linie 31 geführt wurde, wurde mit der Eröffnung der U6 nach Floridsdorf eingestellt und durch die neue Linie 33 ersetzt.

Linie 32
Aufgrund der neuen Streckenführung der Linie 31 wurde die Linie 32 eingestellt.

Linie 33
Die neue Linie 33 – Friedrich Engels-Platz, Marchfeldstraße, Höchstädtplatz, Stromstraße, Jägerstraße, Wallensteinplatz, Wallensteinstraße löste in der Brigittenau die Linie 31/5 ab.

Statt der wie bisher nur an Werktagen zur Hauptverkehrszeit betriebenen Verstärkungslinie gibt es nun eine vollwertige, täglich verkehrende Linie, die anstatt der Linie 31 durch die Jägerstraße zum Brigittaplatz fährt.

Eine Linie 33 existierte mit Unterbrechungen bereits zwischen 1907 und 1972 und bediente die Strecke Schottenring – Bahnhof Brigittenau, die nachher die Linie 132 übernahm. Die Linie 33 verkehrt an Werktagen bis ca. 19.30 Uhr auf der gesamten Streckenlänge, später bis ca. 21.30 Uhr zwischen Friedrich-Engels-Platz und Josefstädter Straße/U. An Sonn- und Feiertagen wird der Betrieb zwischen Josefstädter Straße/U und Friedrich-Engels-Platz um ca. 8 Uhr aufgenommen. Ab ca. 12 Uhr fahren die Züge bis zur Endstelle Gerasdorfer Straße. Der Betriebsschluss ist an diesen Tagen gleich.

Insgesamt verfügt der Straßenbahnbetrieb in der Brigittenau derzeit über 17.516 lfm Gleis, 87 Stück Weichen und 39 Straßenbahnhaltestellen.

Der Betriebsbahnhof Brigittenau

Am 16. 4. 1907 wurde der Bahnhof Brigittenau nach zweijähriger Bauzeit mit den beiden Betriebsgebäuden und einer Wagenhalle bereits im elektrischen Betrieb eröffnet. Die Inbetriebnahme der zweiten Wagenhalle erfolgte erst zwei Jahre später, im Jahr 1909.

Die Remise Brigittenau war der erste Betriebsbahnhof, der unter der Betriebsleitung des kommunalen Unternehmers „Gemeinde Wien – Städtische Straßenbahnen", welches am 3. 7. 1903 ins Leben gerufen worden war und den eigentlichen Vorläufer der WIENER LINIEN darstellte, seiner Bestimmung übergeben wurde.

Da der Bahnhof in der Zeit seines nunmehr über neunzigjährigen Bestehens keinen größeren Umbauten unterworfen war und auch keine nennenswerten kriegsbedingten Beschädigungen erfuhr, entspricht das heutige, bauliche Erscheinungsbild im Großen und Ganzen dem vor 90 Jahren.

Der Bahnhofskomplex wird aus zwei zweistöckigen Betriebsgebäuden, zwei Wagenhallen samt Verbindungsbahn, der Rüstwagengarage, dem Sandbunker und zwei Verschubhallen gebildet.

Der Personalstand des Bahnhofs Brigittenau betrug mit Stichtag 1. 2. 1999 insgesamt 220 Mitarbeiter, davon werden 160 direkt dem Betrieb und 60 der Wagenrevision zugerechnet.

Derzeit werden vom Bahnhof Brigittenau vier Hauptlinien und eine Sonderlinie in folgenden Relationen betrieben:

Linie N: Friedrich-Engels-Platz – Prater Hauptallee seit 28. 6. 1980
Linie 5: Praterstern U, S – Westbahnhof U, S seit Eröffnung
Linie 21: Schwedenplatz U – Prater Kai S seit 30. 6. 1986
Linie 33: Josefstädter Straße U – Gerasdorfer Straße seit 4. 5. 1996
Linie 81: Praterstern U, S – Prater Messegelände seit 10. 9. 1986

Mit dem Expedit Wallensteinplatz (Linie 5), Expedit Elderschplatz (Linie 21), Expedit Höchstädtplatz (Linie N) und dem Expedit Lasten – Materialrutsche Stromstraße – zur Abwicklung des Lastenverkehrs sowie dem Expedit Messe – 2, Nordportalstraße – (Linie 81) sind dem Bahnhof vier ständige und eine temporäre Außenstelle (Messeexpedit) angegliedert.

Der gesamte Wagenpark des Bahnhofs Brigittenau besteht aus insgesamt 105 schienen- und nicht schienengebundenen Fahrzeugen.

Bis zu Beginn der Achtzigerjahre war der Bahnhof Brigittenau der Lastenbahnhof der Wiener Verkehrsbetriebe. Infolgedessen war hier ein Großteil der Lastenfahrzeuge stationiert. Heute noch werden Materialtransporte (Sand, Schotter, Schutt u. Ä.) sowie teilweise Wagenüberstellungen mit

Personal und Arbeitstriebwagen dieser Dienststelle durchgeführt. Auch die Materialrutsche in Wien 20, Stromstraße, die die Ladeverbindung zur ÖBB (Nordwestbahnhof) darstellt, unterliegt den dienstlichen Obliegenheiten dieses Bahnhofes.

Weiters wird vom Bahnhof Brigittenau die Stadionverstärkerlinie 21 gestrichen gestellt, wie auch der gesamte Stadionverkehr mit den Linien 5, 21, 29, 45 und 71 von einem Expeditor dieser Dienststelle expediert wird.

Schifffahrt

Im Rahmen einer Aufzählung aller Verkehrsmittel der Brigittenau sei vollständigkeitshalber erwähnt, dass die Brigittenau mit flächenmäßig großen Anteilen – etwa ein Viertel der Bezirksfläche (1,23 km^2) entfällt auf Wasserflächen – an Donaukanal und Donaustrom indirekt auch über Schiffshandelsverkehr und Personenschifffahrt verfügt.

Hatte in früheren Jahren diese Tatsache durchaus sowohl wirtschaftliche als auch verkehrstechnische Bedeutung für den Bezirk, so beschränkt sie sich spätestens seit den Siebzigerjahren – damals siedelte der Wiener Hafen alle Lager- und Umschlageinrichtungen vom Handelskai ab – lediglich auf chronikale Bedeutung.

Spätestens seit dem Bau des Hochwasserschutzes und der damit verbundenen Errichtung einer mächtigen Grünzone entlang des rechten Donauufers mutierte der einstige Donauzugang der Brigittenau zum Naherholungsgebiet.

Weitere landschaftsgestalterische Maßnahmen im Rahmen der Errichtung des Kraftwerkes Freudenau – das Donauufer der Brigittenau liegt im Rückstaubereich – rundeten den heutigen Charakter des Vorkais als beliebtes, gut erschlossenes Naherholungsgebiet für die Brigittenauer Bevölkerung ab.

Hans-Jörg Hansely

Bevölkerungsentwicklung in der Brigittenau

Bevölkerungsentwicklung

Will man die Bevölkerungsentwicklung der letzten Jahrzehnte in der Brigittenau betrachten, muss man die Ergebnisse der Volkszählungen heranziehen, für eine analytische Betrachtung der demographischen Entwicklung in den Neunzigerjahren eignen sich aber die Daten der Bevölkerungsevidenz für Wien weit besser.

Zwischen 1961 und 1971 konnte die Brigittenau noch Bevölkerungsgewinne erzielen, die Bevölkerung nahm um 2,9% zu (+2.816 Personen). In den darauf folgenden Dezennien verzeichnete auch der 20. Bezirk Bevölkerungsverluste. Von 1971 bis 1981 sank die Einwohnerzahl um 7,9% (–5.976 Personen). 1981 wurden in der Brigittenau 73.696 Personen gezählt. Die Tendenz einer rückläufigen Bevölkerung setzte sich auch in den darauf folgenden zehn Jahren fort, wenn auch in deutlich abgeschwächter Form. Die Einwohnerzahl für den 20. Bezirk wurde für 1991 mit 71.876 Personen angegeben, der Rückgang betrugt „nur" mehr 2,5%.

Bevölkerungsentwicklung 1961–1991

Jahr	20. Bezirk			Wien		
	Wohnbevölkerung	Veränderung		Wohnbevölkerung	Veränderung	
		absolut	in %		absolut	in %
1961	75.671	+2.816	+3,9	1,627.566	+11.441	+0,7
1971	81.647	+5.976	+7,9	1,619.885	– 7.681	–0,5
1981	73.696	–7.951	–9,7	1,531.346	–88.539	–5,5
1991	71.876	–1,820	–2,5	1,539.848	+ 8.502	+0,6

Quelle: Ergebnisse der Volkszählung 1961–1991, ÖSTAT

Die Bevölkerungsentwicklung aufgrund der Bevölkerungsevidenz (jährliche Werte) zeigen für die Achtziger- und Neunzigerjahre folgendes Bild: In Wien nahm die Bevölkerung in den Jahren bis 1993 zu, wobei diese Bevölkerungszunahme einerseits durch geringere Geburtendefizite (Zunahme der Geburten, Rückgang der Sterbefälle) verursacht wurde, andererseits vor allem aber durch einen starken Zuzug von Ausländern, in den Jahren zwischen 1993 und 1998 verringerte sich die Einwohnerzahl von Wien durch geringere Zuwanderung von Ausländern und eine stärkere Abwanderung von Wienerinnen und Wienern in das Wiener Umland.

Bevölkerungsentwicklung 1991–1998						
Jahr	20. Bezirk			Wien		
	Inländer	Ausländer	insgesamt	Inländer	Ausländer	insgesamt
1991	59.685	17.297	76.982	1,354.510	236.888	1,591.398
1992	59.382	17.716	77.098	1,351.503	260.356	1,611.859
1993	58.773	18.943	77.716	1,348.900	293.491	1,642.391
1994	57.872	19.219	77.091	1,341.894	297.687	1,639.581
1995	57.167	19.505	76.672	1,335.724	300.675	1,636.399
1996	56.928	19.676	76.604	1,336.017	296.575	1,632.592
1997	56.687	19.732	76.419	1,330.017	296.575	1,632.592
1998	56.856	19.953	76.809	1,326.878	293.073	1,619.951

Quelle: Bevölkerungsevidenz für Wien, MA 14, MA 66

Zwischen 1991 und 1998 ist die Bevölkerung im 20. Bezirk nahezu konstant geblieben, doch hat die inländische Wohnbevölkerung um 2.829 Personen abgenommen (–4,7%), während die ausländische Wohnbevölkerung im gleichen Zeitraum um 2.656 Personen zunahm (+15,3%).

Insgesamt ist der Geschlechteranteil nahezu ausgeglichen, so betrug der Männeranteil 48,9% und der Frauenanteil 51,1% (Wien: 47,4% zu 52,6%).

Nach inländischer und ausländischer Wohnbevölkerung betrachtet ergeben sich folgende Werte: Bei den Inländern ist das Verhältnis Männer zu Frauen 46% zu 54%, bei den Ausländern 57% zu 43% (Wien: 55% zu 45%).

Von den im Jahr 1998 in der Brigittenau lebenden 19.953 Ausländerinnen und Ausländern kommen 9.185 (46,0%) aus den Nachfolgestaaten von Ex-Jugolawien, 2.337 (11,7%) aus den Reformländern und 4.963 (24,9%) aus der Türkei. 677 Personen kommen aus EU-Ländern, damit ist der Anteil an EU-Bürgerinnen und EU-Bürgern im 20. Bezirk mit 3,4% deutlich niedriger als in Wien insgesamt (7,2%).

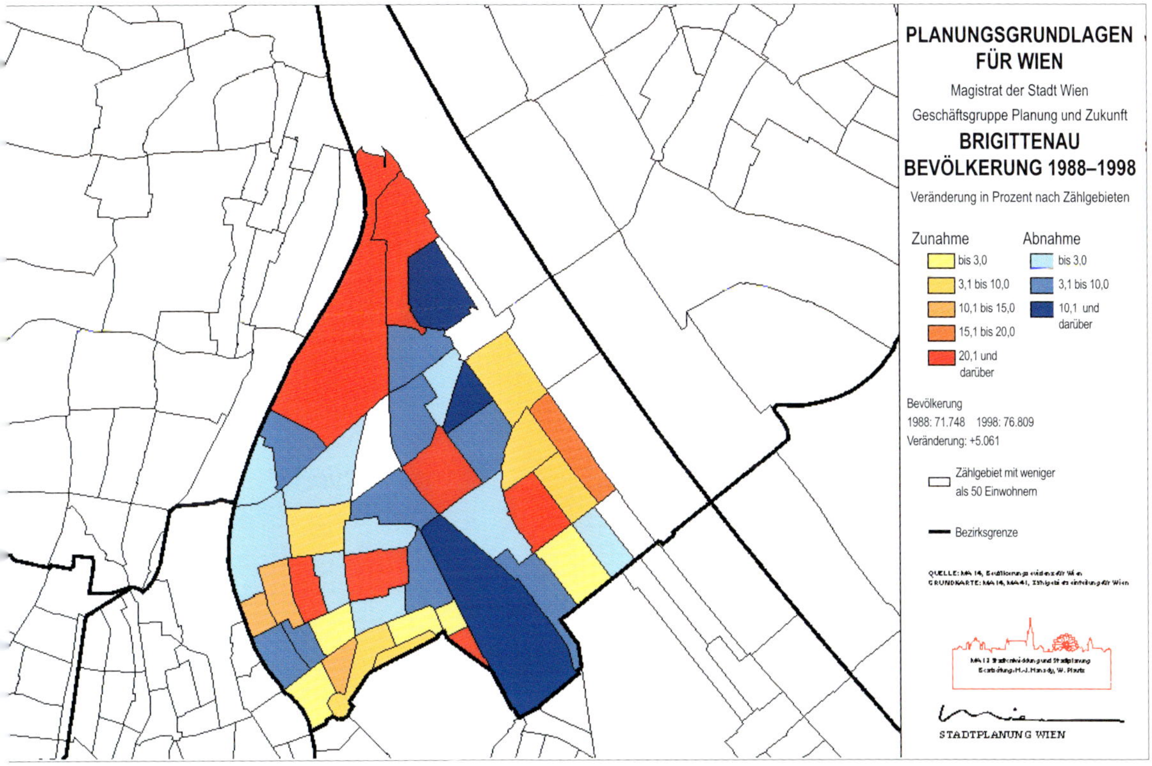

Ausgewählte Altersgruppen 1991–1998								
Jahr	20. Bezirk				Wien			
	– 15 Jahre		+ 60 Jahre		– 15 Jahre		+ 60 Jahre	
	absolut	In %	absolut	in %	absolut	in %	absolut	in %
1991	10.229	13,3	16.935	22,0	223.877	14,1	359.473	22,6
1998	10.771	14,0	15.781	20,5	237.530	14,7	330.256	20,4

Zwischen 1991 und 1998 nahm die junge Bevölkerung in Wien zu, die ältere nahm hingegen ab, wodurch die Überalterung der Wiener Bevölkerung weiter zurückging. Auch in der Brigittenau nahmen die älteren Menschen zwischen 1991 und 1998 um 1.154 ab, derzeit sind 15.781 Personen älter

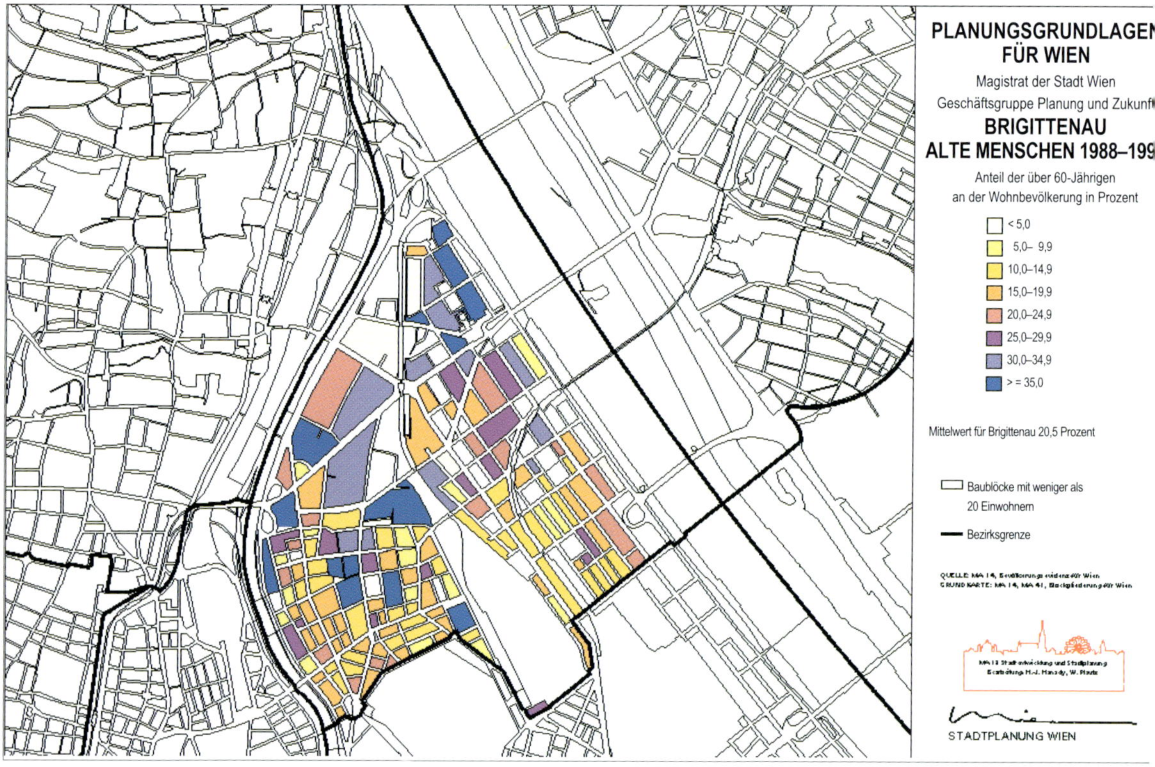

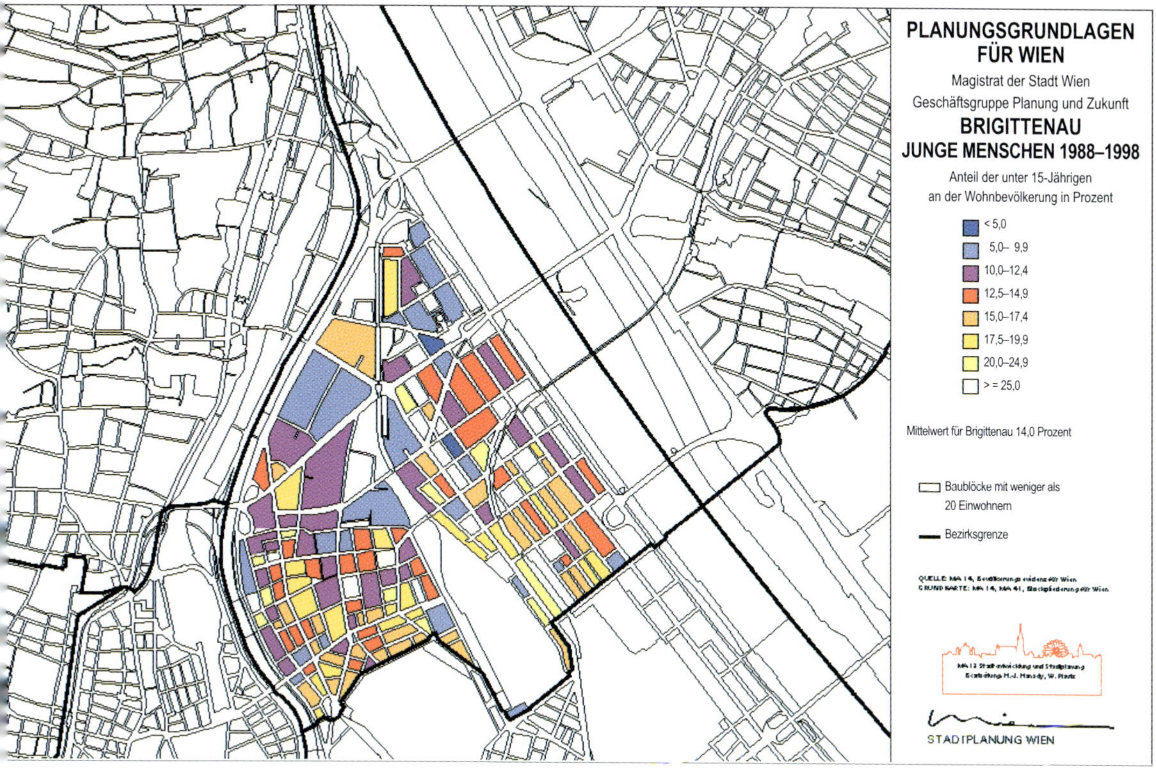

als 60 Jahre, der Anteil sank von 22,0 auf 20,5% (Wien 1991: 22,6%, 1998: 20.4%). Der Anteil der Kinder und Jugendlichen (bis unter 15 Jahre) hat im gleichen Zeitraum absolut zugenommen, der Anteil stieg aber von 13,3 auf 14,0% (Wien 1991: 14,1%, 1998: 14,7%). Von den 10.771 Kindern waren 4.546 Kinder im vorschulpflichtigen Alter, weitere 2.905 im Volksschulalter und 3.320 zwischen 10 und 15 Jahren.

Bevölkerungsvorausschätzung 1996–2021						
Jahr	20. Bezirk			Wien		
	gesamt	– 15 Jahre	+ 60 Jahre	gesamt	– 15 Jahre	+ 60 Jahre
1996	75.914	10.933	15.987	1,616.240	240.831	334.185
2001	78.707	11.912	17.131	1,620.170	242.582	351.438
2006	77.374	11.087	17.852	1,629.921	234.846	370.265
2011	75.547	10.154	18.625	1,641.921	225.926	391.058
2016	75.158	10.009	19.318	1,657.522	225.047	409.603
2021	75.348	10.148	20.721	1,675.359	228.840	444.014

Quelle: Bevölkerungsvorausschätzung 1996 bis 2021 nach Teilgebieten der Wiener Stadtregion, Institut für Demographie der Österreichischen Akademie der Wissenschaften 1998, Vorausschätzung auf der Basis der Hauptwohnsitzbevölkerung

Nach den vorliegenden Bevölkerungsvorausschätzungen wird die Bevölkerungsentwicklung in den nächsten Jahrzehnten in der Brigittenau zu keinen starken Veränderungen führen. Betrug 1996 (Basis ist die Hauptwohnsitzbevölkerung) die Ausgangsbevölkerung 75.914 Personen, so wird 2001 zwar mit einem Bevölkerungsstand von 78.707 gerechnet, 2011 bereits wieder mit 75.547 und 2021 mit 75.348. Die junge Bevölkerung (bis unter 15 Jahre) wird wie bei der Wiener Gesamtentwicklung abnehmen, während die ältere Bevölkerung zunehmen wird. Betrug der Anteil der über 60-jährigen im Jahre 1996 noch 21,1%, so wird sich dieser Wert bis 2021 auf 27,5% erhöhen (Wien 1996: 20.7%, 2021: 26,5%). Diese Entwicklung ist nicht nur im 20. Bezirk, sondern auch in Wien insgesamt zu beobachten und ist damit zu erklären, dass die geburtenstarken Jahrgänger der Sechzigerjahre das Pensionsalter erreichen und auch eine deutliche Überalterung bei der ausländischen Wohnbevölkerung zu erwarten ist. Diese Entwicklung bedeutet aber, dass mit einem deutlichen Rückgang der erwerbsfähigen Bevölkerung zu rechnen sein wird.

Bildungsniveau

Bevölkerung nach der höchsten abgeschlossenen Schulbildung 1981–1991 (Angaben in Prozent)				
	20. Bezirk		Wien	
	1981	1991	1981	1991
Hochschule	2,6	3,9	5,7	8,1
Höhere Schule	7,1	10,6	10,8	14,7
Fachschule	10,7	10,1	12,8	12,4
Lehrausbildung	33,5	33,8	29,6	30,0
Pflichtschule	46,1	41,6	41,1	34,8
	100,0	100,0	100,0	100,0
Maturantenquote				
Männer	12,5	16,6	21,2	26,2
Frauen	7,3	12,6	12,8	20,5

Quelle: Ergebnisse der Volkszählungen 1984, 1991, ÖSTAT

Das Bildungsniveau der Bevölkerung im 20. Bezirk liegt unter dem Wiener Durchschnitt. 1981 hatten 9,7% der Wohnbevölkerung Matura oder Hochschule als höchste abgeschlossene Schulbildung (Maturantenquote), bis 1991 stieg der Wert auf 14,5%. Es gibt nach wie vor deutliche Unterschiede zwischen Männern und Frauen, obwohl sich das Verhältnis bei den oberen Bildungsrängen verbessert hat, innerhalb des Bezirkes bestehen nur geringe Unterschiede im Bildungsniveau.

Arbeitsplatzsituation

Die Arbeitsplätze dürften in den Jahren 1981–1991 um knapp 1.000 zurückgegangen sein. Gegenüber 1981 wurden 1991 im Bezirk um 986 weniger Beschäftigte am Arbeitsort (Arbeitsplätze) gezählt. Die Brigittenau ist ein typischer Auspendlerbezirk. 26.702 (1991) oder 81,9% der im Bezirk wohnhaften Beschäftigten müssen auspendeln, um ihren Arbeitsplatz zu erreichen. 24.615 haben ihren Arbeitsplatz in anderen Wiener Bezirken, der Rest pendelt aus Wien aus. In den 20. Bezirk pendeln 15.017 ein, davon kamen 10.972 aus anderen Wiener Bezirken und 4.065 vor allem aus Niederösterreich und aus dem Burgenland.

Berufstätigkeit, Pendler und Arbeitsplätze 1981–1991

20. Bezirk	1981	1991	Veränderung 1981–1991	
			absolut	in %
Berufstätige[1]	36.406	36.889	+ 483	+ 1,1
Beschäftigte am Wohnort insgesamt	34.454	32.616	–1.838	– 5,3
Nicht-Pendler Gemeindebezirks-Binnenpendler	6.963	5.914	–1.049	–15,1
Auspendler aus Gemeindebezirk insgesamt	27.491	26.702	– 789	– 2,9
in andere Gemeindebezirke in Wien	25.992	24.615	–1.377	– 5,2
in anderes Bundesland, Ausland	1.499	2.087	588	+39,2
Einpendler in Gemeindebezirk insgesamt	14.954	15.017	+ 63	+ 0,4
aus anderen Gemeindebezirken	11.428	10.952	– 476	– 4,2
aus anderen Bundesländern	3.526	4.065	+ 539	+15,3
Beschäftigte am Arbeitsort insgesamt	21.917	20.931	– 986	– 4,5

[1] Beschäftigte und Arbeitslose

Quelle: Volkszählung 1981, 1991 ÖSTAT

Von den Tagesauspendlern (Beschäftigte, die im Bezirk wohnen, aber ihren Arbeitsplatz nicht im 20. Bezirk haben) benützen 52,8% ein öffentliches Verkehrsmittel, um ihren Arbeitsplatz zu erreichen, und 38,9% nehmen das Auto, Motorrad oder Moped. Von den Beschäftigten, die in den 20. Bezirk einpendeln, kommen 54% mit einem öffentlichen Verkehrsmittel und 43,3% fahren mit dem Auto zu ihrem Arbeitsplatz in der Brigittenau. Absolut betrachtet verlassen tagsüber deutlich mehr Autofahrer den Bezirk als Autofahrer in den Bezirk kommen.

Die berufstätige Wohnbevölkerung (Erwerbstätigen) im 20. Bezirk hat zwischen 1981 und 1991 um 483 Berufstätige zugenommen, eine Entwicklung, die auch in Wien insgesamt zu beobachten war. Die Erwerbsquote (Anteil der Erwerbstätigen an der Wohnbevölkerung) stieg seit 1981 von 49,4% auf 51,3%.

Von den 36.889 in der Brigittenau wohnhaften Berufstätigen waren 1,6% im Primären Sektor und 48,1% im Sekundären Sektor (verarbeitendes Gewerbe, Industrie und Bauwesen) tätig. Mit 50,3% liegt der Dienstleistungsbereich (Tertiärer Sektor) sehr deutlich unter dem Wiener Durchschnitt (71,3%).

Haushaltsentwicklung

Entwicklung der Privathaushalte 1981–1991

	20. Bezirk			Wien		
Jahr	Privathaushalte insgesamt	davon Einpersonenhaushalte absolut	davon Einpersonenhaushalte in %	Privathaushalte insgesamt	davon Einpersonenhaushalte absolut	davon Einpersonenhaushalte in %
1981	36.250	14.795	40,8	725.468	287.100	39,6
1991	35.938	15.598	43,4	746.760	310.556	41,6

Quelle: Ergebnisse der Volkszählungen 1981, 1991, ÖSTAT

Durch den Bevölkerungsrückgang zwischen 1981 und 1991 haben auch die Privathaushalte im 20. Bezirk geringfügig abgenommen, während in Wien hingegen eine Zunahme festzustellen war.

Die Singularisierung (Zunahme der Einpersonenhaushalte) entwickelt sich im 20. Bezirk deutlich schneller als im Wiener Durchschnitt. Von den 1991 erfassten 35.938 Privathaushalten waren 43,4% Einpersonenhaushalte, damit stieg der Anteil zwischen 1981 und 1991 von 40,8% auf 43,4% (Wien: 1981: 39,6%, 1991: 41,6%) Dies zeigt auch die durchschnittliche Haushaltsgröße: 1981 war die Haushaltsgröße 2,02 (Personen pro Haushalt), in Wien hingegen betrug dieser Wert 2,08, bis 1991 sank dieser Wert auf 1,98 (in Wien auf 2,06).

Religiöses Leben in der Brigittenau

Peter Payer

Jüdische Brigittenau
Ein Rundgang zu den stummen Zeugen der Vergangenheit

Das einst vielfältige jüdische Leben in der Brigittenau ist heute nur mehr in der Erinnerung einiger Bezirksbewohner präsent. Im Unterschied zur Leopoldstadt, wo sich nach dem Zweiten Weltkrieg erneut eine lebendige jüdische Kultur entwickelte, fand hier eine derartige Wiederbelebung nur in äußerst bescheidenem Ausmaß statt. Seit einigen Jahren ist allerdings eine verstärkte Auseinandersetzung mit diesem bisher nur allzu gerne verdrängten Teil der Bezirksgeschichte festzustellen.

Bereits bei seiner Gründung wies der 20. Bezirk einen relativ hohen Anteil an jüdischer Bevölkerung auf. Die zwischen Donaukanal und Donau gelegene „Mazzesinsel" war seit Jahrzehnten die bevorzugte Wohnadresse für nach Wien zugewanderte Juden.

Der Ausbruch des Ersten Weltkriegs und der Zerfall der Monarchie hatten enorme Flüchtlingsströme zur Folge. Dabei waren es vor allem aus Galizien und der Bukowina geflüchtete Juden, die sich in großer Zahl in der Brigittenau niederließen. Von rund 200.000 in Wien lebenden Juden waren 1923 etwa 17.500 in der Brigittenau ansässig (= 18% der Bezirksbevölkerung), die damit nach der Leopoldstadt, dem Alsergrund und der Inneren Stadt der Bezirk mit dem vierthöchsten Anteil an jüdischer Bevölkerung in Wien war.

Zentrum des jüdischen Lebens war die so genannte „Alt-Brigittenau". Hier gab es etwa in der Wallensteinstraße, Klosterneuburger Straße, Jägerstraße, Karl-Meißl-Straße, am Wallensteinplatz und Gaußplatz zahlreiche jüdische Geschäfte, Kaffeehäuser, Gewerbebetriebe, Freizeiteinrichtungen, Lehranstalten, Bethäuser und vor allem auch Humanitäts- und Unterstützungsvereine, ohne deren Hilfe ein Überleben der meist aus ärmlichen Verhältnissen stammenden Zuwanderer nicht möglich gewesen wäre.

Für die Bevölkerung gehörte die Begegnung mit jüdischen Menschen und ihren Institutionen zum Alltag des Bezirkslebens. Jüdischer Lebensrhythmus prägte die Brigittenau ebenso wie christlicher. Bis 1938 – danach „verschwand" der Großteil der jüdischen Bewohner. Zu Kriegsende lebten in der Brigittenau nur mehr 36 Juden, alle Hinweise auf die jüdische Vergangenheit des Bezirks waren ausgelöscht.

Der folgende Rundgang begibt sich auf Spurensuche und stellt einige der einst wichtigsten Orte jüdischen Lebens in der Brigittenau vor, die nur allzu oft auch Orte der Demütigung, Misshandlung und Verfolgung waren.

Gaußplatz

Als zentrale Verbindung zur Leopoldstadt stellte der Gaußplatz eines der jüdischen Zentren der Brigittenau dar. Hier wohnten nicht nur viele Juden, auch zahlreiche Häuser, Geschäfte und Lokale befanden sich in jüdischem Besitz: So hatte im Haus Gaußplatz Nr. 3 der Maler Isidor Kaufmann (1853–1921), dessen Genrebilder über das ostjüdische Alltagsleben Berühmtheit erlangten, seine Wohnung und sein Atelier; in Nr. 4 war ein Bethaus des Vereins „Agudas Jeschurum" untergebracht; in Nr. 6 befand sich der Mapai-Jugendbund „Haowed" und die Chaim-Kupfer-Bücherei der Aktion „Jüdische Jugend in Not"; in Nr. 7 der Humanitätsverein „Neuer Freundschaftsbund", ein Unterstützungsverein für jüdische Kriegswitwen und Waisen, der Kulturbund „Jahwneh" sowie das Kaffeehaus „Goldstein & Bein"; in Nr. 11 das von Leon Selzer betriebene Kaffeehaus „Jägerhof"; in Nr. 13 das bis 1925 von Salomon Stanger geleitete Mathilden-Kino.

Staudingergasse 6

Die 1886 errichtete Volks- und Hauptschule in der Staudingergasse wurde zunächst wie alle Schulen im Bezirk konfessionsübergreifend geführt und von katholischen, evangelischen und jüdischen Kindern gemeinsam besucht. Nach einem zehnjährigen Intermezzo als individualpsychologische

Versuchsschule (1924–1934) wurde hier von 1935 bis 1938 eine rein jüdische Schule eingerichtet: Das ursprünglich in der Castellezgasse im 2. Bezirk beheimatete Chajes-Realgymnasium übersiedelte aus Platzmangel in die Räumlichkeiten in der Staudingergasse. 1918 von dem Oberrabbiner Zwi Peres Chajes gegründet und als Privatschule mit Öffentlichkeitsrecht geführt, stellte es das einzige jüdische Gymnasium Wiens dar. Seine Ausrichtung kann als jüdisch-national, traditionsbewusst und humanistisch beschrieben werden.

Nach der Machtergreifung der Nationalsozialisten mussten sämtliche jüdischen Kinder die Schule verlassen, viele von ihnen wurden verfolgt und ermordet. Eine Gedenktafel im Stiegenhaus erinnert heute an die grausamen Ereignisse während der NS-Zeit.

Staudingergasse 9

Zwischen 1913 und 1915 wohnte auf Tür Nr. 10 die jüdische Journalistin und Schriftstellerin Else Feldmann (geb. 1884 in Wien), die bereits zuvor ihre Kindheit und Jugend im 2. und 20. Bezirk verbracht hatte. In ihren sozialkritischen Zeitungsreportagen und Romanen („Liebe ohne Hoffnung", „Löwenzahn", „Der Leib der Mutter") schildert sie auf eindringlich-realistische Weise das jüdische Proletarierelend und verarbeitet dabei nicht zuletzt ihre Erfahrungen als auf der „Mazzesinsel" aufgewachsenes Großstadtkind. Über den Schauplatz in ihrem Roman „Löwenzahn" schrieb Felix Salten:

> *„Ein anonymes, eintönig graues, unendlich trübseliges Wien, ein Großstadtgefängnis, darin man gelebt, darin man heimisch sein muss, um zu erkennen, wie gut hier die Trostlosigkeit der Brigittenau und mancher Teile der Leopoldstadt getroffen ist."*

Nachdem Else Feldmann in den Zwanziger- und Dreißigerjahren aus Geldmangel noch mehrmals die Wohnungen wechseln musste, wurde sie am 14. Juni 1942 gemeinsam mit 995 anderen Wiener Juden deportiert und schließlich im Vernichtungslager Sobibor ermordet. Eine 1998 an der Fassade des Hauses angebrachte Gedenktafel erinnert an das Schicksal dieser bedeutenden, heute etwas in Vergessenheit geratenen Schriftstellerin.

Wallensteinstraße 14

Auch den aus Galizien stammende Joseph Roth (1894–1939) verschlug es – wie viele seiner Landsleute – in die Brigittenau. Im Alter von zwanzig Jahren kam er nach Wien, wo er sein in Lemberg begonnenes Studium der Germanistik fortsetzte. Er wohnte zunächst im 2. Bezirk und von 1914 bis 1916 in der Wallensteinstraße 14/Tür 16 (Gedenktafel). In seinem 1926 veröffentlichten Roman „Juden auf Wanderschaft" beschrieb er die enorme Anziehungskraft, die Wien auf ostjüdische Flüchtlinge ausübte, aber auch die schwierigen Lebensbedingungen, die sie hier erwarteten. Viele seiner Schilderungen sind von den Verhältnissen in der Brigittenau inspiriert, wo viele Ostjuden in einfachsten Wohnverhältnissen lebten und zumeist als Kleingewerbetreibende und Händler tätig waren.

Wallensteinstraße 9

Öffentliche Demütigungen und Misshandlungen der jüdischen Bevölkerung, Ausplünderung und Beraubung ihrer Wohnungen und Geschäfte waren unmittelbar nach dem „Anschluß" in ganz Wien, besonders aber in der Leopoldstadt und der Brigittenau an der Tagesordnung. Brennpunkte der Auseinandersetzung waren nicht selten die Kaffeehäuser, die für viele zugewanderte Juden eine wichtige Funktion als Verköstigungsort und Wärmestube, aber auch als Informationsdrehscheibe hatten.

Nachdem der SA-Mann Josef Graf bereits in verschiedenen Brigittenauer Cafés die anwesenden jüdischen Gäste zusammengeschlagen hatte, sie Spucknäpfe austrinken ließ und als „Gfrieser", „Schweine", „Saujuden" und „Judenhuren" beschimpfte, erschien er am 14. März 1938 im Café Treuhof (heute Angelmayer). Hier ließ er die jüdischen Besucher auf der Straße in Dreierreihen antreten und führte sie anschließend unter dem Gejohle der Passanten in Richtung Nordwestbahnhalle, wo sie turnen sollten. Der Anblick der Gruppe erregte schließlich den Unwillen entgegenkommender SA-Legionäre, die sie anhielten und die Gefangenen freiließen.

Im zweiten Stock des Hauses wohnte bis 1939 der später mit seinem Werk „Die Vernichtung der europäischen Juden" berühmt gewordene Holocaust-Forscher Raul Hilberg. Er besuchte das Chajes-Gymnasium und konnte im Alter von dreizehn Jahren zusammen mit seinen Eltern über Kuba in die USA fliehen.

Kluckygasse 11

Der bereits 1873 gegründete „Brigittenauer Israelitische Tempelverein" bemühte sich lange Jahre um die Errichtung eines eigenen Tempels für die Brigittenau. Am 20. 9. 1900 wurde schließlich die in der Kluckygasse erbaute Synagoge eingeweiht. Architekt war Jakob Gartner, der neben Max Fleischer zu den wichtigsten Synagogenarchitekten von Wien gehörte und nach dessen Plänen auch im 5., 10. und 11. Bezirk Tempel errichtet wurden. Das auf drei Seiten von Nachbarhäusern umschlossene Gebäude, das Sitzplätze für 547 Personen aufwies, entwickelte sich rasch zum Zentrum des religiösen Lebens. An hohen Festtagen waren bis zu tausend Gläubige anwesend. Von 1907 bis 1938 wurden hier über zweitausend Eheschließungen vorgenommen.

Nachdem anfangs mehrere Rabbiner abwechselnd in der Synagoge ihren Dienst versahen, wurde ab 1926 Armin Abeles zum alleinigen Rabbiner bestellt, dem 1931 Benjamin Murmelstein nachfolgte. In der an den Tempel angeschlossenen Bibelschule wurden tausende jüdische Kinder mit der hebräischen Sprache und den Grundsätzen des Judentums vertraut gemacht.

Wie alle anderen Tempel in Wien wurde die Synagoge in der Kluckygasse in der „Reichskristallnacht" (9./10. November 1938) völlig vernichtet und ausgeraubt. *„Tempel, 20., Kluckygasse. Erdgeschoss und Galerie wurden gründlich zerstört"*, hieß es im Bericht des SS-Hauptsturmführers Kowarik lakonisch. Eine Gedenktafel an der Fassade des sich heute dort befindenden Gemeindebaus erinnert daran.

Der jüdische Tempel in der Kluckygasse

Hannovergasse 12

Im Erdgeschoss dieses Hauses befand sich in der Zwischenkriegszeit die Fleischhauerei von Hermann Rottenstreich, in der die nach orthodoxen Vorschriften lebende jüdische Bevölkerung koschere Fleisch- und Wurstwaren kaufen konnte. Ebenso wie die zahlreichen Bäckereien war dieser Betrieb Teil einer ausgedehnten Infrastruktur, mit der die jüdischen Bezirksbewohner mit koscheren Lebensmitteln versorgt wurden. Weitere jüdische Fleischhauereien befanden sich in der Rauscherstraße (Nr.3), Treustraße (Nr. 1), Jägerstraße (Nr. 24 und 26), Klosterneuburger Straße (Nr. 1 und 10a) und am Gaußplatz (Nr. 6). Jüdische Wurst- und Selchwarenfabriken bestanden am Sachsenplatz (Nr. 7), in der Klosterneuburger Straße (Nr. 60) und in der Wallensteinstraße (Nr. 45 und 54).

Pappenheimgasse 31

Die dortige Wohnhausanlage wurde 1990 nach Anton Schmid benannt, einem Textilhändler aus der Brigittenau, der – seiner christlichen Überzeugung folgend – in der NS-Zeit zahlreichen Juden das Leben rettete. Als Feldwebel der deutschen Wehrmacht leitete er in Wilna die so genannte Versprengtensammelstelle. Mit der offiziellen Erlaubnis, sich im Wilnaer Ghetto jüdische Zwangsarbeiter für seine Dienststelle aussuchen zu können, stattete er so viele Juden wie möglich mit Arbeitsbescheinigungen aus und bewahrte sie damit vor Aussiedlung und Vernichtung. Insgesamt zwei- bis dreihundert Bewohner des Ghettos konnte er dadurch retten, ehe seine Aktivitäten aufgedeckt und er am 13. April 1942 hingerichtet wurde.

Wallensteinstraße 26

Die Auslagen der jüdischen Geschäfte in der Wallensteinstraße wurden in den ersten Wochen nach dem Anschluss mit Farbe beschmiert und mit nationalsozialistischen Plakaten verklebt. Dies erregte sogar den Unwillen eines nationalsozialistischen Parteigenossen, der im April 1938 in einem Brief an Gauleiter Bürckel empfahl, er möge doch einmal selbst mit seinem Wagen durch die Wallensteinstraße fahren, um sich dort die vielen bemalten Auslagen anzusehen. Im Erdgeschoss des Hauses Nr. 26 befand sich beispielsweise das Schuhwarengeschäft von Adolf Blum (heute Kindermodengeschäft), dessen Auslage, ebenso wie jene der angrenzenden Geschäfte, mit Aufschriften „Jud“, „Rebbe“ sowie mit Judenkopf und Judenstern beschmiert wurde. Allein schon die Wallensteinstraße zu überqueren, war für Juden lebensgefährlich geworden, da sie nicht selten – wie Zeitzeugen berichten – überfallen und mit Schlägen auf den Kopf traktiert wurden.

Jägerstraße 23

Die jüdische Geschäftsinhaberin Ella Czecher schrieb im Juli 1938 an die Vermögensverkehrsstelle:

Wallensteinstraße 26

„Am 5. d. M. erschienen in meinem Modisten- und Hutgeschäft, Wien XX. Jägerstraße 23, zwei Damen und erklärten, dass sie von der Partei geschickt worden seien, um mit mir wegen Uebernahme meines Geschäftes samt anschliessender Wohnung zu verhandeln. Da ich niemals die Absicht geäußert habe, mein Geschäft, welches mir einen bescheidenen Unterhalt bietet, zu verkaufen, musste ich die beiden Damen abweisen. (…) Zwei Tage später erhielt ich von der Wirtschaftsstelle der N.S.D.A.P. Brigittaplatz eine Vorladung, welcher ich Folge leistete. Ich wurde aufgefordert, Bögen zu unterschreiben, auf welchen ich mich verpflichten sollte, in den Geschäftsverkauf einzuwilligen, und auch die Wohnung an die Käuferin abzutreten. Ich musste auch dem Beamten meine Unterschrift verweigern. Ich bin seit dem Jahre 1899 in Wien, auch hier zuständig und habe das Geschäft im Jahre 1912 ehrlich und rechtlich erworben. (…) Ich wurde mit der Bemerkung entlassen, dass ich unbedingt

mit dem Gewerbeschein wiederkommen und den Kauf- bzw. Verkaufsanstrag unterfertigen müsse!"

Von den ehemals 33.000 jüdischen Betrieben, die sich zur Zeit des „Anschlusses" in Wien befanden, wurden 28.000 aufgelöst. Die restlichen 5.000 wurden an partreitreue „Ariseure" vergeben, ebenso wie 70.000 ehemals jüdische Wohnungen. Wie hoch der Anteil an aufgelösten bzw. „arisierten" Betrieben und Wohnungen in der Brigittenau war, ist bis heute nicht erfasst.

Kaschlgasse 4

Der orthodoxe Bethausverein „Bene Berith" unterhielt in dem 1931 errichteten Gebäude einen Tempel (heute Supermarkt), der mit 344 Sitzplätzen nach der Synagoge in der Kluckygasse das zweitgrößte religiöse Zentrum der Brigittenauer Juden darstellte. Neben den beiden Tempeln standen der jüdischen Bevölkerung des 20. Bezirks noch zahlreiche weitere Bethäuser zur Verfügung. Dies waren jedoch keine eigenständigen Gebäude, sondern zumeist Privatwohnungen, die als Bethaus adaptiert wurden (z.B. Staudingerg. 11, Bäuerleg. 20, Jägerstr. 30, Karl-Meißl-Str. 1 u. 2, Traunfelsg. 3, Hannoverg. 4, Weberg. 12, Raffaelg. 20, Heinzelmanng. 14, Othmarg. 34, Treustr. 7, Gaußpl. 4, Mortarapl. 1, Allerheiligeng. 1). Sämtliche Bethäuser und Tempel, denen häufig auch Sprach- und Bibelschulen angeschlossen waren, waren oft schon vor deren Zerstörung und Schließung in der „Reichskristallnacht" Ziel von antisemitischen Übergriffen. So wurden bereits am 22. April 1938 im Bethaus am Gaußplatz betende Juden herausgeschleppt und blutig geschlagen.

Karajangasse 16

Die jüdischen Kinder der Volksschule in der Karajangasse wurden unmittelbar nach dem „Anschluß" von ihren „arischen" Mitschülern getrennt und in so genannten „i-Klassen" („Israelitenklassen") zusammengefasst. Sie durften das Gebäude nur mehr durch einen Nebeneingang von der Wasnergasse aus betreten, ehe sie schließlich von ihren Eltern aus der Schule genommen wurden, die bis zu Beginn des Schuljahres 1938/39 „judenrein" zu sein hatte.

Im Schulgebäude befand sich auch der berüchtigte „Notarrest Karajangasse" (Gedenktafel im Foyer). Von ganz Wien aus wurden tausende von der Gestapo verhaftete Juden hierher gebracht und brutalst misshandelt. Die sie empfangenden SS-Leute peitschten jeden neuen Transport mit Stahlruten, an deren Ende Bleikugeln hingen, in das Gebäude hinein. In Klassenzimmern für ehemals vierzig Schüler waren bis zu dreihundert Arrestierte zusammengesperrt. Zur Belustigung der Wachen mussten sie im Schulhof bei strömendem Regen stundenlang Freiübungen machen, besonders Wippen und Kniebeugen, wobei ältere Menschen bald zusammenbrachen. Unter den Inhaftierten befanden sich auch Bruno Kreisky und Fritz Grünbaum. Schon im April 1938 gingen von hier die ersten Transporte nach Dachau (Ausstellungsraum im Keller).

Augarten

Dort wo sich heute das Pensionistenheim befindet, wurde im Jahre 1918 ein „Ambulatorium" errichtet, in dem sowohl kranke, jüdische wie auch nicht jüdische Kinder aus dem 2. und 20. Bezirk behandelt wurden. In der 1920 ergänzend dazu erbauten Liegehalle des „Sonnentagesheimes" konnten die Eltern ihre tuberkulosegefährdeten Kinder einer Liege-, Ernährungs- und Freiluftkur unterziehen.

Taborstraße/Ecke Nordwestbahnstraße

In der heute nicht mehr existierenden Halle des Nordwestbahnhofes wurde am 30. Juli 1938 die Ausstellung „Der ewige Jude" eröffnet. Die Eingangsfront mit dem riesigen Plakat war bis weit in die Taborstraße hinein zu sehen. Bewusst wurde dafür die an der Grenze des 20. und 2. Bezirks gelegene Bahnhofshalle gewählt, da – laut „Wiener Neueste Nachrichten" – *„gerade über die Taborlinie die Ostjuden eingewandert sind und sich in der Leopoldstadt und der Brigittenau eingenistet haben. Es ist daher* *mehr als nur ein Symbol, wenn das Bild des Ewigen Juden am Eingang der Nordwestbahnhalle diese beiden Stadtteile beherrscht"*. Ziel der Ausstellung war es, wie Reichsstatthalter Seyß-Inquart bei der Eröffnung betonte, zu demonstrieren, *„welche Wesensart jüdisch ist und welche unüberbrückbaren Gegensätze zwischen arischer und jüdischer Wesensart bestehen"*.

Niemals zuvor wurde eine derartige Veranstaltung so umfassend beworben. Die grellgelben Plakate waren überall im Stadtbild zu sehen. Die Post gab Sonderstempel heraus, Postkarten mit Fotos aus der Ausstellung wurden aufgelegt. Das Publikumsinteresse war enorm. Bis zum 30. September zählte man 350.000 Besucher. Die Ausstellung wurde daher um einen weiteren Monat verlängert. Sie war der Beginn einer strategisch geplanten, antisemitischen Propagandaoffensive, die einige Wochen später ihren ersten Kulminationspunkt in der „Reichskristallnacht" erreichte.

Verwendete Literatur:

Payer, Peter: Jüdische Brigittenau. Auf den Spuren einer verschwundenen Kultur. Ausstellungskatalog der Gebietsbetreuung Brigittenau. Wien 1995.

Beckermann, Ruth (Hg.): Die Mazzesinsel. Juden in der Wiener Leopoldstadt 1918-1938. Wien-München 1984.

Irene Kunze

Die Kirchen des Bezirkes

„St. Brigitta"

Bis 1874 gab es in der Brigittenau nur die Brigittakapelle als einziges Gotteshaus oder die Bevölkerung musste auf die umliegenden Pfarren ausweichen, die meisten besuchten die Pfarrkirche St. Leopold. Daher wurde der Bau einer Pfarrkirche notwendig. Im Sommer des Jahres 1866 begaben sich die Bürger Johann Schlemmer und Josef Mink zum Prälaten Josef Piller, dem sie die Notwendigkeit des Baues einer Kirche in der Brigittenau auseinander setzten und auf die anwachsende Bevölkerung hinwiesen. Der Prälat verwies sie an den Erzbischof von Wien, Kardinal Othmar Rauscher, der den Grund, die Parzelle 152, vom Stift Klosterneuburg erwarb.

Der erste Spatenstich wurde am 13. November 1867 feierlich vorgenommen. Die Kirche wurde nach Plänen des Oberbaurates und Dombaumeisters zu St. Stephan Friedrich Schmidt unter Bauführung des Architekten Ludwig Wachtler aus St. Pölten und Richard Jordan aus Wien erbaut. Friedrich Schmidt ist auch der Architekt des Wiener Rathauses.

Die Kirche ist ein italienisch-gotischer Rohziegelbau mit zwei Fassadentürmen, die mit den Kreuzen 63 m hoch sind. Das Langhaus, das 63 m misst, ist dreischiffig, querschifflos und sechsjochig mit offenem Dachwerk. Die Breite des Längsschiffes beträgt 20,5 m, die Höhe 19 m. Für die Baukosten kamen der Niederösterreichische Religionsfond und die Gemeinde Wien auf.

Am 19. September 1869 setzte man die beiden Kreuze auf die Türme und im Jahre 1873 wurden die sechs Glocken aufgezogen, die mit der aus der Fabrik Steinmayer in Ettingen stammenden Orgel auf der Weltausstellng ausgestellt waren. Die Glocken wurden in Wr. Neustadt gegossen – sie wurden bis auf die zweitkleinste während des Ersten Weltkrieges abmontiert und eingeschmolzen.

Am 20. Mai 1874 fand die feierliche Schlusssteinlegung statt und am 21. Mai wurde die Kirche St. Brigitta – Namensgeberin ist die heilige Brigitta (1303–1373) – von Erzbischof Kardinal Rauscher geweiht.

1945 wurde die Kirche beschädigt, konnte aber in den folgenden Jahren wieder instand gesetzt werden. St. Brigitta ist die Mutterpfarre für den Bezirk, zu der vier weitere Pfarren gehören.

„Allerheiligen“

Die zweitälteste Pfarre ist die Pfarre Allerheiligen. Sie wurde 1905 gegründet und die Kirche nach Plänen des Architekten Hans Schneider unter der Bauführung der Baumeister Hans und Heinrich Stagl errichtet. Kaiser Franz Joseph selbst stellte eine ansehnliche Summe für den Kirchenbau zur Verfü-

Kirche „St. Brigitta“

Die heilige Brigitta (1303–1373), Namenspatronin der Brigittakirche und des Bezirks

gung. Die Kirche wurde „Allen Heiligen“ gewidmet. Das Gotteshaus war 40 m lang, das eingeschobene Querschiff maß 20 m. Das von Joachim Sandrart geschaffene Altarbild war ursprünglich nicht für die Allerheiligenkirche, sondern für das Schottenstift in Wien angefertigt worden, jedoch dort nicht verwendet und in der kaiserlichen Gemäldegalerie aufbewahrt worden. Bis 1944 blieb es als Altarbild in der Kirche, dann wurde es aus Furcht vor Kriegsbeschädigungen dem Schottenstift zur Aufbewahrung übergeben, wo es sich heute noch im Prälatensaal des Stiftes befindet.

Erste Treffer im Juli 1944 beschädigten die Kirche und nach einem weiteren schweren Luftangriff im Februar 1945 konnte die Kirche nicht mehr gerettet werden. Sie wurde nach Kriegsende gänzlich abgetragen.

Die neue Kirche wurde nicht am Allerheiligenplatz, sondern in der Vorgartenstraße errichtet und von Erzbischof Dr. Theodor Innitzer am 8. November 1949 geweiht.

„St. Kapistran"

Die Kirche „St. Kapistran" hat eine bewegte Vorgeschichte. Auf Betreiben des Magistrats übernahmen die Schwestern des Ordens „Franziskanerinnen Missionarinnen Mariens" 1906 im Notspital in der Engerthstraße 144 ihre Arbeit im karitativen Bereich auf. Bald darauf wurden den Schwestern die Brigittakapelle und das ehemalige kaiserliche Jagdhaus sowie angrenzende Eisenbahnwaggons und Baracken für ihre Arbeit überlassen. 1911 konnte in unmittelbarer Nähe ein Baugrund erworben werden.

Notspital

Zur Erinnerung an den am 14. September 1912 stattgefundenen 23. Internationalen Eucharistischen Weltkongress sollte auf dem neu erworbenen Grundstück eine große Kirche errichtet werden. Durch den Ersten Weltkrieg kam es jedoch nicht zu dem Bau. Stattdessen wurden eine Tagesheimstätte für Mädchen und ein Kindergarten in einer Baracke errichtet. Nachdem ein Brand nahezu alles vernichtet hatte, wurde 1922 ein Kloster erbaut, in dem ein Kindergarten, eine Tagesheimstätte und eine Armenfürsorge eingerichtet wurden.

1939 kam es zur Errichtung einer zum Kloster gehörenden Unterkirche, „Krypta", die auf den Namen „Eucharistische Gedächtniskirche" geweiht wurde. Die Unterkirche diente als Pfarrkirche. Das Kloster wurde durch Luftangriffe im Krieg schwerst beschädigt.

Auf Initiative des Pfarrers Franz Hofer erwarb die Erzdiözese ein Grundstück neben dem Forsthaus zur Errichtung der neuen Pfarrkirche. Zunächst wurde 1956 der Pfarrhof gebaut, der Kirchenbau erfolgte erst 1962 nach Plänen des Architekten Widter und die Kirche wurde am 12. September 1965 auf den Namen „Heiliger Johannes von Capestrano" geweiht und erhielt 1966 den neuen Namen „St. Kapistran".

Die Unterkirche wurde 1979 an die Gemeinde Wien verkauft und jahrelang war das „Rock-House" darin untergebracht, heute ist es das „Planet Music".

„Zum göttlichen Erlöser"

Die Kirche „Zum göttlichen Erlöser" wurde 1959 als Notkirche in der ehemaligen „Eisfabrik" in der Klosterneuburger Straße eingerichtet und bestand bis 1977. Danach wurde die Kirche in einem neuen Wohnhaus in der Burghardtgasse 30a errichtet. Dies aber nur vorübergehend, denn in unmittelbarer Nähe, in der Eduard-Brückner-Gasse, kam es zum endgültigen Bau (eine Art Rundbau) der Kirche „Zum göttlichen Erlöser". Sie konnte am 27. November 1983 durch Erzbischof Koadjutor Franz Jachym geweiht werden.

„Muttergottes im Augarten“

Die jüngste Pfarre ist die Pfarre „Muttergottes im Augarten.“ (zu Ehren der Muttergottes von der wunderbaren Medaille). Bezirksüberschneidend werden die Gläubigen des 2. und des 20. Bezirkes betreut. Die 1950 begründete Kirche befindet sich im 2. Bezirk am Gaußplatz 14, seit 1996 gehört sie aber zum Dekanat Brigittenau, zur Dekanatskirche „St. Brigitta“.

Kirchliches Leben

Anzahl der Katholiken im Dekanat Wien 20. – 1999	
Pfarre	Anzahl der Katholiken
Muttergottes/Augarten	2.712
St. Brigitta	10.126
St. Kapistran	6.497
Zum göttlichen Erlöser	4.714
Zwischenbrücken/Allerheiligen	9.905
Brigittenau insgesamt	33.954
Wien insgesamt	1,422.394

Quelle: Erzbischöfliches Ordianriat Wien

Die Brigittenau verfügt auch über eine altkatholische Kirche in der Waldmüllergasse. Sie wurde 1962 gesegnet und erhielt den Namen „Zum guten Hirten“. Zur altkatholischen Gemeinde gehören nicht nur die Gläuben des 20. Bezirks, sondern auch die Altkatholiken des 21. und 22. Wiener Gemeindebezirks sowie des Marchfeldes, des Weinviertels, des Landbezirks Tulln und des Gerichtsbezirks Klosterneuburg.

Eine eigene evangelische Kirche gibt es in der Brigittenau jedoch nicht, die evangelische Gemeinde gehört zum 2. Bezirk Am Tabor.

Auch über einen eigenen Friedhof verfügt der 20. Bezirk nicht, die Toten werden am Stammersdorfer Zentralfriedhof bestattet, so sie ihre Grabstätte nicht woanders haben. Die Bestattung auf einem anderen Friedhof gilt bereits als Überführung und muss gesondert bezahlt werden.

Einen Schwerpunkt der kirchlichen Arbeit stellen die Bemühungen um die Jugend dar. Mit Recht kann gesagt werden, dass heute das Zusammenwirken von Kirche, Bevölkerung und Politik im Bezirk sehr gut funktioniert. Aus dem Gegeneinander in der Zwischenkriegszeit ist ein echtes Miteinander entstanden, auch auf sozialem Gebiet, denn der Mensch ist in den Mittelpunkt gestellt.

Aufgrund der großen Zahl der Zuwanderer (siehe Kapitel „Zuwanderung in der Brigittenau") gibt es auch mehrere moslemische Zentren und Moscheen im Bezirk, deren größte sich in der Dammstraße befindet.

Verwendete Literatur:

Brigitta. Monatszeitschriften von St. Brigitta
Erzbischöfliches Ordinariat Wien
Herold, Roland P.: Brigittenau. Von der Au zum Wohnbezirk. Wien 1992

Barbara Szerb-Mantl

Zuwanderung in der Brigittenau
Von der Heimat in die Fremde. In die Heimat?

In meinem Beitrag über die Zuwanderung in der Brigittenau werde ich zunächst einen kurzen historischen Abriss geben, wobei ich mich auf die Jahre 1900–1960 konzentrieren werde.

In einem zweiten Abschnitt werde ich die Zuwanderung ab den Sechzigerjahren unseres Jahrhunderts behandeln, wobei ich besonders auf den Wohnbereich, das Schulwesen, den Arbeitsmarkt und den öffentlichen Raum eingehen werde.

Abschließen werde ich mit einem kurzen Abriss über die zweite und dritte Generation der ZuwanderInnen und das Neben- und Miteinander von Alteingesessenen und ZuwanderInnen im 20. Bezirk. Die Zuwanderung der jüdischen Bevölkerung sowie ihr Schicksal werde ich aussparen, da dies in einem anderen Kapitel dieses Buches behandelt wird.

Zuwanderung von 1900–1960:[1]

Zuwanderung hat in der Brigittenau – so wie in Wien überhaupt – eine lange Tradition.

Mit der Industrialisierung war die Brigittenau zu einem wichtigen Standort für Industrie und Gewerbe geworden und zu einem echten Arbeiterbezirk. Hatte das Gebiet der heutigen Brigittenau 1857 lediglich 3.620 Einwohner und Einwohnerinnen, so waren es 1910 bereits 101.326, viele davon Tschechen, Slowaken, Ungarn, Polen, Kroaten und Italiener.[2]

Bereits 1881 schreibt das „Illustrierte Wiener Extrablatt" vom 23. März über die italienischen Zuwanderer:

> *„In Wien, wo es in Erdbewegungen immer was zu tun gibt, hat sich förmlich eine solche italienische Colonie ansässig gemacht, wobei*

> *man sich indeß von dieser ‚Ansässigkeit' keinen zu hohen Begriff machen darf, da man bei den erdarbeitenden Italienern mehr von einem ‚Nisten', als von einem eigentlichen ‚Wohnen' reden kann. Derzeit findet man diese fleißgen, sparsamen Leute in der Brigittenau …"*[3]

Obiges Zitat weist bereits auf die engen Wohnverhältnisse hin, die man zu dieser Zeit in der Brigittenau vorfand. Viele Zuwanderer, meist Einzelpersonen, fanden häufig Bett- oder Schlafstellen bei Zuwandererfamilien gleicher Herkunft, die auf das so genannte „Bettgeld" angewiesen waren, um die hohen Mieten bezahlen zu können.

Im Jahre 1910 standen in der Brigittenau ca. 20.000 Wohnungen zur Verfügung, was bedeutet, dass jeweils fünf Bezirksbewohnerinnen und -bewohner eine Küche und ein Zimmer zur Verfügung hatten. Wasser und Toilette befanden sich auf dem Gang.

Mit der zweiten Stadterweiterung, die in die Jahre nach 1890 fiel, wurden die Tagelöhner- und Arbeitersiedlungen aus der Vorstadt in den ehemaligen Vorortebereich abgedrängt, in den 10. bis 19. Bezirk und in den 20. Bezirk. Damit entstand ein Gürtel von Arbeiterbezirken mit Kleinwohnungen und gegen Ende der Monarchie war das heutige Segregationsmuster der Sozialschichten voll ausgebildet. Die Verteilung der sozialen Schichten im Stadtgebiet ist seither, nach Meinung des österreichischen Stadtforschers Richard Gisser, im Wesentlichen gleich geblieben.[4]

Als Beispiel für die Zuwanderer der Jahre 1900 bis 1960 in der Brigittenau möchte ich hier exemplarisch die tschechischen Zuwanderer herausnehmen.

Die meisten Tschechen, die in Wien hauptsächlich in den großen Tongruben und Ziegelbrennereien und als Schneider und Schuster arbeiteten, lebten im 20., 16., 10. und 2. Bezirk.[5] Die Historikerin Monika Glettler weist darauf hin, dass die sozialen und wirtschaftlichen Merkmale der Bezirke auf die tschechischen Gesellschaftsschichten kumulative Wirkung ausübten und dass diese wiederum besonders die sozialen Eigenarten der Bezirke verstärkten.[6] Das tschechische Bürgertum lebte in anderen Bezirken als der tschechische Mittelstand und dieser wieder in anderen als die tschechischen Arbeiter. In der Brigittenau lebten die tschechischen Arbeiter.

1939 wohnten, wie bereits 1900, 60% der Minderheiten in den Industrie- und Proletarierbezirken jenseits des Gürtels und in der Brigittenau. Dies ist darauf zurückzuführen, dass dem Großteil von ihnen ein sozialer Aufstieg nicht geglückt ist bzw. dass ein sozialer Aufstieg und Nicht-Assimilation sich damals (und heute) kaum vereinbaren ließen.

Nach dem Zweiten Weltkrieg kam es zu einer starken Rückwanderung bzw. zu weiterer Assimilation der tschechischen Zuwanderer. Gaben 1919 noch 100.000 Menschen in Wien Tschechisch oder Slowakisch als Muttersprache an, so waren dies 1934 noch 40.000 und 1981 nur mehr 4.932 Personen.

Zuwanderung von 1960 bis heute

Allgemeines

Während von 1945 bis zum Beginn der Sechzigerjahre unseres Jahrhunderts der Großteil der ZuwanderInnen vor allem AsylwerberInnen waren, begann Anfang der Sechzigerjahre die Arbeitsmigration nach Österreich. Anwerbeabkommen wurden geschlossen und Anwerbestellen in Spanien (1962), der Türkei (1964) und Jugoslawien (1966) errichtet. Während das Abkommen mit Spanien praktisch wirkungslos blieb, nahm die Zuwanderung aus der Türkei und ganz besonders aus dem ehemaligen Jugoslawien ab Mitte der Sechzigerjahre beständig zu.

1973 endete diese erste Zuwanderungswelle mit einem Anwerbestopp. Durch gezielte Entlassungen und den Entzug der Arbeitserlaubnis wurde die Zahl der ausländischen ArbeitnehmerInnen in den Jahren 1974 bis 1979 drastisch gesenkt.

In der zweiten Hälfte der Siebzigerjahre und in den Achtzigerjahren wurde offensichtlich, dass das Konzept der „Rotation“ – die Leute kommen zu uns arbeiten und kehren nach wenigen Jahren in ihre Heimatländer zurück, um „frischen“ Arbeitskräften Platz zu schaffen – gescheitert war. Zwar war es gelungen, den Anteil der ausländischen ArbeiterInnen zurückzudrängen, doch aus den „Gastarbeitern“ wurden EinwanderInnen, der Familiennachzug gewann an Bedeutung und übertrifft seit den 80ern die Neuzuwanderung von alleinstehenden Personen bei weitem.

In der Hochkonjunkturphase zwischen 1988 und 1992 stieg die Nachfrage nach Arbeitskräften wieder, wodurch der Familiennachzug wieder durch Neuzuwanderung ergänzt wurde.

Das neue Fremdengesetz ab 1993 hat bei vielen ZuwanderInnen die Entscheidung in Österreich zu bleiben oder in ihre Heimat zurückzukehren forciert und beschleunigt. Ihnen wurde klar, dass wenn sie Österreich verließen, sie wohl nie mehr eine zweite Chance bekämen, nach Österreich zurückzukehren. Also blieben sie hier und holten/holen verstärkt ihre Familien nach.[7]

Migration und Migrationspolitik waren bis in die späten Achtzigerjahre kein Thema, das die Öffentlichkeit bewegte. Erst mit dem Fall des „Eisernen Vorhangs“ 1989 und mit dem Krieg im ehemaligen Jugoslawien wurden die „Ausländer“ zu einem Thema der Innenpolitik. Und erst seither gibt es in Österreich heftige Auseinandersetzungen um die „richtige“ Migrationspolitik.[8]

In der Brigittenau lebten 1997 75.866 Menschen, davon 19.732 (25,8%) mit nicht österreichischem Pass. Die meisten ZuwanderInnen kommen aus dem ehemaligen Jugoslawien und der Türkei.[9]

Der Wohnbereich

Der Großteil der ZuwanderInnen wohnt in Stadtteilen mit alter, abgewohnter Bausubstanz, die für die einheimische Bevölkerung nicht mehr attraktiv genug sind. Es steht ihnen mehr oder weniger nur der Markt der vor 1918 erbauten Wohnungen offen. In den Zimmer-Küche-Wohnungen, wo man vor 80, 90 Jahren die Tschechen, Slowaken und galizischen Juden angetroffen hat, findet man heute Arbeitsmigranten- und -migrantinnen.

Gemeindewohnungen, die ca. ein Drittel der Bausubstanz in der Brigittenau ausmachen, sind für ZuwanderInnen mit nicht österreichischem Pass nicht zugänglich, Genossenschaftswohnungen, die ein weiteres Drittel darstellen, nur begrenzt. Häufig scheitert der Zugang zu den Genossenschaftswohnungen auch an den sehr hohen Eigenmittelanteilen. *„Es fehlt nicht an Wohnungen, sondern an preisgünstigen Wohnungen!“*[10]

> *„Nun kann der so genannte ‚freie‘ oder private Wohnungsmarkt in Wien in weiten Bereichen mit gutem Recht als halbkriminell bezeichnet werden; Vermittler, Verwalter und Vermieter versuchen häufig, an überhöhten Provisionen, nicht rückgezahlten Kautionen, so genannten Mietvorauszahlungen und vor allem an meist ungesetzlichen, nicht durch Investitionen gerechtfertigten Ablösen zu verdienen bzw. versuchen sie, die an sich von sozialen Gesichtspunkten ausgehenden gesetzlichen Mietzinsbestimmungen für Altbauwohnungen zu umgehen.“*[11]

Das obige Zitat kann durch meine Erfahrungen im Rahmen meiner Arbeit beim Wiener Integrationsfonds nur bestätigt werden. Ablösen bis zu öS 500.000,– für eine 35 m²-Wohnung, wo es außer einem Kaltwasserhahn gar nichts gibt, mehrmalige Wohnungsverkäufe von ein und derselben Wohnung u.v.a.m. sind keine Einzelfälle.

Weiters werden ZuwanderInnen auf dem „freien“ Markt häufig als „Zwischennutzer“ für abgewohnte Gebäude vor dem Abbruch gesehen und sind Diskriminierungen bei der Wohnungssuche ausgesetzt. „Keine Ausländer“ wird ergänzt durch „Nur Ausländer“.

Aufgrund dieser Bedingungen und weil ihr Einkommen deutlich unter dem von Alteingesessenen liegt[12], wohnen ZuwanderInnen auch in der Brigittenau wesentlich schlechter als Einheimische. Der Volksmund hingegen unterstellt den ZuwanderInnen Zufriedenheit mit den schlecht ausgestatteten Wohnungen, Anspruchslosigkeit und fehlende Bereitschaft zur Zahlung höherer Mieten. Bedenkt man, dass laut einer Studie der Arbeiterkammer[13] bereits Alteingesessene ein Drittel des Haushaltseinkommens für Mieten aufwenden müssen, dass ZuwanderInnen weit höhere Mieten bezahlen müssen als Einheimische und dass sie zudem weitaus weniger verdienen als Einheimische, kann man vorhergehende Behauptungen leicht als Vorurteile klassifizieren.

Die schlechten Wohnverhältnisse wirken sich auch negativ auf die nachbarschaftlichen Beziehungen aus.[14] In meiner mehr als sechsjährigen Arbeit in der Brigittenau gab es bis heute nur eine verschwindende Zahl an Nachbarschaftskonflikten in Häusern, die gut instand gehalten werden und wo sich der Hausbesitzer bzw. die Hausverwaltung um das Haus kümmern.[16] Die häufigsten Konflikte gibt es in stark verwahrlosten Häusern, wo nur mehr ein geringer Bestand an Altmietern zu finden ist und die Fluktuation der MieterInnen sehr hoch ist. Häufig gibt es in diesen Häusern keine/n HausmeisterIn mehr, die BesitzerInnen oder die Hausverwaltung wechselt häufig oder tritt kaum oder gar nicht in Erscheinung. Wenden sich die MieterInnen mit ihren Wünschen und Beschwerden an BesitzerInnen oder Verwaltung, reagieren diese nicht und die MieterInnen fühlen sich mit ihren Problemen alleine gelassen. Sie haben den Eindruck, nichts ändern zu können und keinen Einfluss auf das Geschehen im Haus zu haben.

Der Schulbereich

Grundsätzlich kann man davon ausgehen, dass seit den Sechzigerjahren bis heute der Bildungsstand der Zuwanderer beständig gestiegen ist. Während in der ersten Phase, also in den Sechzigerjahren, noch über drei Viertel der Zugewanderten in ihrer Heimat nur die Pflichtschule abgeschlossen hatten, gaben 1992 bereits drei Viertel an, eine über die Pflichtschule hinausgehende Bildung genossen zu haben. Besonders Menschen, die vor dem Krieg im ehemaligen Jugoslawien flohen, verfügen über eine bessere Bildung als ArbeitsmigrantInnen diese sonst im Durchschnitt aufweisen.[17]

Man kann davon ausgehen, dass sich der zunehmend bessere Bildungsgrad der Eltern auch auf die Schulbildung, die die Eltern für ihre Kinder in Österreich vorgesehen haben, auswirken wird.

Konflikte und Spannungen zwischen Alteingesessenen und ZuwanderInnen zeigen sich im Schulbereich eher verdeckt. Eltern der SchülerInnen mit österreichischem Pass rebellieren nicht offen gegen, ihrer Meinung nach, zu hohen SchülerInnenanteil mit nicht österreichischem Pass, sondern schicken ihre Kinder in Privatschulen oder in öffentliche Schulen mit geringem Anteil nicht österreichischer SchülerInnen. Die Angst davor, dass ihre Kinder durch die Zuwandererkinder Nachteile erfahren und damit für die Zukunft nicht gut gerüstet sind, ist meist das leitende Motiv dafür. Dabei wird von den Eltern oft übersehen, dass eine nicht österreichische Staatsbürgerschaft sehr wenig über die Deutschkenntnisse bzw. das Lernverhalten der Kinder aussagt. Viele der Kinder sind bereits in Österreich geboren, hier in den Kindergarten gegangen und so manche der Kinder sprechen besser Deutsch als ihre Muttersprache. Nicht zuletzt deswegen, da sie bereits der zweiten oder dritten Zuwanderergeneration angehören, in der die Kinder untereinander, aber oft auch mit den Eltern primär Deutsch sprechen.

Im 20. Bezirk ist in den Pflichtschulen der Anteil zugewanderter SchülerInnen sehr unterschiedlich, abhängig davon, in welchem Bezirksteil sich die Schule befindet. Naturgemäß findet man in Wohngebieten mit vorwiegend Gemeinde- und Genossenschaftsbauten kaum Zuwandererkinder. In den Bezirksteilen mit einem hohen Anteil an Gründerzeitwohnungen kommt es dadurch zu einer Häufung.

Durch spezielle Maßnahmen wie BegleitlehrerInnen und muttersprachliche ZusatzlehrerInnen oder auch Vorlaufgruppen versucht man, die Defizite der Zuwandererkinder, die noch nicht lange in Österreich leben oder bisher sich primär im sozialen Umfeld der Familie aufgehalten haben, bereits vor oder bei Schuleintritt auszugleichen. So z. B. können Eltern bereits bei der Schuleinschreibung ihre Kinder für Vorlaufgruppen anmelden, wo sie noch vor Schuleintritt einige Monate lang mehrmals pro Woche spielerisch Deutsch lernen können, wo aber auch soziales Lernen u. a. im Mittelpunkt stehen. Der Unterricht erfolgt in der Schule, wo die Kinder die erste Schulstufe besuchen werden und mit LehrerInnen von der Schule. In der Brigittenau wurden im Schuljahr 1999/2000 an 8 von 12 Schulstandorten Vorlaufgruppen eingerichtet.[18] Die Vorlaufgruppen wurden vom Wiener Integrationsfonds in Zusammenarbeit mit dem Wiener Stadtschulrat ins Leben gerufen und sind sowohl für einheimische Kinder wie auch Zuwandererkinder gedacht, die keinen Kindergarten besucht haben. Bei einheimischen Kindern sind es besonders sozial benachteiligte, die die Vorlaufgruppen besuchen und dort die Möglichkeit haben, zum einen in der Sprachentwicklung Defizite aufzuholen, zum anderen aber auch in die soziale Welt der Schule hineinzuwachsen.

Die Hauptschulen der Brigittenau und die Polytechnische Schule werden zum überwiegenden Teil von Zuwandererkindern besucht. Kinder von Alteingesessenen, denen man auch nur die geringste Chance gibt, in der Unterstufe der AHS bestehen zu können, gehen in diesen Schultyp.

Der Arbeitsbereich

Da mir einschlägige Daten aus der Brigittenau fehlen, gehe ich davon aus, dass die berufliche Situation der ArbeitsmigrantInnen in der Brigittenau nicht anders ist als die der ZuwanderInnen im übrigen Österreich. Dies be-

Hannovermarkt

deutet, dass die meisten ArbeitnehmerInnen aus dem ehemaligen Jugoslawien und der Türkei in Dienstleistungsberufen (27% bzw. 21%), in der Grundstoffherstellung (12% bzw. 12,5%), den Bau- und Baunebenberufen (18% bzw. 10%) und in Fertigungsberufen (20% bzw. 28%) tätig sind.[19] Sie sind an ihrem Arbeitsplatz – mehr als andere ArbeitnehmerInnen – schweren Belastungen wie zum Beispiel Lärm, Staub, Schmutz, Öl, ständigem künstlichen Licht usw. ausgesetzt.

Während die erste Generation noch zu einem sehr hohen Prozentsatz ungelernte ArbeiterInnen waren und sind, sind nur mehr 19% der zweiten Generation als ungelernte ArbeiterInnen tätig. Bereits die Hälfte aller in Österreich geborenen über 15-jährigen Berufstätigen arbeitet in Angestelltenberufen, womit sie einen höheren Anteil an Angestellten aufweisen als Gleichaltrige mit österreichischem Pass (43%).[20]

Der öffentliche Raum

Der öffentliche Raum wird von der alteingesessenen Bevölkerung der Brigittenau sehr anders genützt als von ZuwanderInnen. Besonders zur warmen Jahreszeit ist dies immer wieder Grund für Auseinandersetzungen.[21]

In der warmen Jahreszeit verbringen viele ZuwanderInnen, mit bedingt durch die beengten Wohnverhältnisse, ihre Freizeit in den Parks und auf den Plätzen der Brigittenau. Aber auch der Gehsteig vor dem eigenen Wohnhaus wird zum Treffpunkt für die zugewanderten HausbewohnerInnen und ihre Familienmitglieder.

Mortaraplatz, Allerheiligenplatz, Sachsenpark, Obstgarten, Hugo-Gottschlich-Park und Anton-Kummerer-Park werden in den Sommermonaten zu ca. 85% von ZuwanderInnen jeglichen Alters genützt, manche Anrainer meinen belagert. Die Haupttageszeiten sind der spätere Nachmittag und der Abend. Migrantinnen und ihre Kinder kommen, sobald die ärgste Hitze vorbei ist, in „ihren“ Park und treffen dort auf die Brigittenauer PensionistInnen, die „ihren“ Park bedroht sehen und sich die Frage stellen, wo denn „unsere“ Kinder sind.

Die PensionistInnen haben das Bedürfnis, auf „ihrem Bankerl" zu sitzen, die Blumen zu bewundern und den schönen Park und die Ruhe zu genießen. All diese Bedürfnisse sehen sie durch die MigrantInnen und ihre Nachkommen in Frage gestellt, was Angst auslöst; Angst vor den fremden Menschen, ihrem fremden Aussehen, der fremden Sprache, dem fremden Benehmen usw. So wie viele MigrantInnen auch, sind die PensionistInnen, die die Parks besuchen, sehr wenig mobil, oft gibt es außer der eigenen Wohnung, dem Park und eventuell noch der Kirche oder dem Pensionistenklub kein anderes Umfeld für sie. Sie ziehen sich immer weiter zurück und beantworten den angenommenen und so erlebten Verlust der Heimat mit Xenophobie und Rassismus.[22]

Die Migrantenjugendlichen kommen nach der Schule oder nach der Arbeit in die Parks und spielen in den Käfigen Fußball, Volleyball oder Beach-Ball, bis die Käfige um 21.00 Uhr geschlossen werden, und spielen dann mitunter auf dem Rasen weiter. Wenn es zu dunkel wird, um zu spielen, setzen sie sich in kleineren oder größeren Gruppen zusammen, um miteinander zu plaudern. Alteingesessene Anrainer wollen ihre Ruhe haben und beklagen sich wegen Lärmbelästigung.

Die Mütter mit ihren Kindern bleiben bis 22.00 Uhr und länger auf den Bänken im Park sitzen, plaudern und lachen, die Kinder spielen derweil und schreien und lachen auch, was wiederum zu Beschwerden wegen Lärmbelästigung durch die alteingesessenen Anrainer führt.

Die einheimische Bevölkerung kommt häufig mit ihren Hunden in den Park, um diesen die Erfüllung ihrer Bedürfnisse zu ermöglichen und um ihnen ein bisschen Auslauf zu gewähren. Häufig wird dabei übersehen, wo die Hundezone anfängt oder wo sie aufhört oder dass im betreffenden Park gar keine Hunde erlaubt sind. Dies wiederum empört die Zuwandererfrauen, die Angst um die Gesundheit ihrer Kinder haben und deswegen Beschwerde führen.

Kinder oder Jugendliche von alteingesessenen BrigittenauerInnen sind in den Parks nur vereinzelt anzutreffen. Sie verbringen ihre Freizeit in Ganztagesschulen, in Horts, im eigenen Zimmer, vor dem Computer, in der Woh-

Mortarapark

nung von Freunden und Freundinnen usw. Im Sommer fahren sie auf Ferienlager, zu Verwandten und Bekannten auf das Land, in Urlaub, besuchen Freibäder in- und außerhalb der Brigittenau usw. Ihr Freizeitverhalten ist sehr anders als das der Migrantenkinder- und jugendlichen, die sehr auf ihr Grätzl bezogen leben und den Bezirk kaum oder gar nicht verlassen.

Im öffentlichen Raum prallen die unterschiedlichen Bedürfnisse der verschiedenen Bevölkerungsgruppen aufeinander und führen zu Konflikten. Ein Teil der Alteingesessenen, besonders ältere Menschen, meint, dass sich die ZuwanderInnen anzupassen hätten und zu tun hätten, wie es immer gewesen ist. Oft wird dann zurückgegriffen auf die eigene Kindheit und es wird angeführt, was man selber als Kind und Jugendliche/r tun durfte und was nicht. Vergessen wird dabei jedoch, dass sich der Bezirk und das Leben der Menschen im Gesamten in den letzten 50 Jahren stark verändert haben. Viele der Freiflächen von damals sind verschwunden und verbaut, der Raum, wo sich Kinder und Jugendliche aufhalten und ausleben können, ist eng geworden. Die meisten Erwachsenen sind berufstätig, auch die meisten der ZuwanderIinnen. Das Leben ist viel schneller geworden, Werte und

Normen unserer Gesellschaft unklar, was auf der einen Seite befreiend sein kann, auf der anderen Seite aber auch zu Unsicherheit führt. Alle haben weniger Zeit für- und miteinander, viele Menschen sind einsam, besonders ältere. Konflikte zwischen Zugewanderten und Einheimischen werden mitunter nur vorgeschoben, oft ist es das einzige Thema, wo man sich mit seiner Nachbarin, mit seinem Nachbarn einig weiß.

Die zweite und dritte Generation

Die Ausbildungssituation der zweiten und dritten Generation, d. h. die der Kinder und Enkelkinder der Zugewanderten, unterscheidet sich deutlich von der der gleichaltrigen ÖsterreicherInnen. Charakteristisch ist der frühe biografische Eintritt ins Erwerbsleben und der (noch) geringe Anteil an Mittelschul- und Universitätsbesuch. 1991 besuchten ca. 50% der 15- bis 19-jährigen ÖsterreicherInnen eine weiterführende Schule oder Universität, jedoch nur 23% der (ex-)jugoslawischen und türkischen Jugendlichen. 15% der 20- bis 24-jährigen ÖsterreicherInnen besuchten 1991 eine Universität, jedoch nur 3,6% bzw. 2,2% der Jugendlichen aus der Türkei bzw. aus dem ehemaligen Jugoslawien.[23]

Im Schuljahr 1995/96 traten jedoch bereits 33,5% Zuwandererkinder in Wien von der vierten Volksschulklasse in die AHS-Unterstufe über.

Da der Bildungsgrad der ZuwanderInnen in den letzten Jahren stark zugenommen hat, kann man davon ausgehen, dass sich obige Werte zunehmend nach oben verschieben werden.

Im Arbeitsbereich sind auch die Jugendlichen der zweiten und dritten Generation wesentlich schlechter gestellt als einheimische Jugendliche. In Zeiten, in denen Lehrstellen wieder Mangelware sind, leisten es sich Lehrherren und -frauen wieder, Zuwandererjugendliche abzulehnen. In Wien geboren zu sein oder einen österreichischen Pass zu haben, macht die Jugendlichen der zweiten und dritten Generation in den Augen vieler Menschen noch lange nicht zu „richtigen" ÖsterreicherInnen.

Bei vielen Jugendlichen führt das zu zunehmender Frustration und zu

Jugendliche der zweiten Generation

schwerwiegenden Identitätsproblemen. Sie werden in Österreich nicht als ÖsterreicherInnen akzeptiert, in der Heimat der Eltern oder Großeltern nicht als Landsleute.

Sie wachsen in mehreren sozialen Welten auf und müssen zwischen verschiedenen Wertvorstellungen hin und her balancieren. Parallel dazu existiert die Anforderung, sich anzupassen, sich zu integrieren, sich möglichst unauffällig zu benehmen, um ja nicht anzuecken, um wenigstens geduldet zu sein, ein „braver Ausländer" zu sein, um es weiter zu bringen, als es die Eltern gebracht haben.

Mehr noch als alteingesessene Jugendliche sucht die zweite und dritte Generation nach Beziehungen, Strukturen und Idealen. Sie müssen sich eine Identität suchen, die die Kultur des Herkunftslandes, die „österreichische" Kultur und die Jugendkultur integriert. Gleichzeitig müssen sie sich auf Ausbildung oder Arbeit konzentrieren, was vielen schwer fällt und manche überfordert.

Unsere Gesellschaft ist gefordert den Jugendlichen der zweiten und dritten Generation ein „Zuhause" zu bieten. Tut sie dies nicht, wird es sich rächen.[24]

Das Neben- und Miteinander von ZuwanderInnen im 20. Bezirk[25]

„Freilich ist die multikulturelle Gesellschaft auch eine Zumutung, und zwar für die Einheimischen und für die Einwanderer.“[26]

Die letzten Jahrzehnte haben auch in der Brigittenau vielen Menschen einen Aufstieg gebracht – aber eben nicht allen. Wenn sie jetzt am Arbeitsplatz oder in ihrem Grätzl tagtäglich vielen ZuwanderInnen begegnen, werden sie daran erinnert. Bei unseren Hausbesuchen und Konfliktschlichtungen bekommen wir sehr oft zu hören: *„Ich würd eh von hier weggehen, wenn ich könnte, aber ich kann mir das ja nicht leisten.“* Oder man/frau meint: *„Die glauben, dass sie hier tun können, was sie wollen, und wir nach ihrer Pfeife tanzen, aber noch gehört dieses Land uns!“* Xenophobie wird hier zu einer Möglichkeit sich zu unterscheiden, jemanden zu haben, der unter einem steht in der sozialen Rangliste und dem man sagen kann, wie man sich zu verhalten hat. Die Zuwanderer sollten sich nicht einordnen, sondern unterordnen und auf alles, was sie mitgebracht haben, verzichten. Integration funktioniert aber nicht, wenn eine Mehrheitsgesellschaft der Minderheitengesellschaft sagt, was sie zu tun hat. Integration kann nur funktionieren, wenn auch die Mehrheitsgesellschaft bereit ist, sich zu verändern. Wir werden einen sinnvollen Mittelweg gehen müssen.

ZuwanderInnen reagieren auf die Ablehnung, das Misstrauen, das sie erleben, mit Rückzug und schließen sich zusammen. Viele der muslimischen Frauen, die heute wieder Kopftücher tragen, tragen diese, um sich von den Alteingesessenen zu unterscheiden und sichtbar zu zeigen, dass sie nicht zur Mehrheitsbevölkerung gehören; nach dem Motto: *„Wenn sie uns nicht wollen, dann wollen wir sie auch nicht.“*

Und zunehmend finden nicht nur Alteingesessene den Weg in die Außenstelle des Wiener Integrationsfonds, um sich dort über Lärmbelästigung durch zugewanderte Nachbarn, über ihre Kinder oder ihre Wäscheständer auf dem Gang zu beschweren. Auch Zugewanderte kommen, um sich über ihre alteingesessenen Nachbarn zu beschwere: über Diskriminierungen, Beschimpfungen, Beleidigungen u. a.

In der Brigittenau leben heute Menschen aus über 70 verschiedenen Herkunftsländern; wir haben es mit keiner geschlossenen Kultur zu tun und wie uns die Geschichte lehrt, war dies auch früher nicht der Fall. Menschen kamen zu uns und werden weiter zu uns kommen. Es gibt demokratische Mittel, diesen Prozess zu beeinflussen, aber es gibt kein demokratisches Mittel, diesen zu stoppen. Menschen werden weiterhin ihre Heimat verlassen, viele oft nicht freiwillig – aus wirtschaftlichen Gründen und aus politischen –, und sie werden in Länder einwandern, die wohlhabend sind. Österreich ist ein wohlhabendes Land.

1 Im folgenden ersten Abschnitt beziehe ich mich im Wesentlichen, ganz besonders auch was das Zahlenmaterial betrifft, auf John, Michael; Lichtblau, Albert, 1992, S. 127–145. Andere literarische Quellen gebe ich gesondert an.
2 Vgl. Herold 1992, S. 49f.
3 John, Michael; Lichtblau, Albert, 1990, S. 140.
4 Ebd. S. 143.
5 Vgl. Lackner, Herbert, 1999, S. e32f.
6 John, Michael; Lichtblau, Albert, 1990, S. 144.
7 Vgl. Perchinig, Bernhard, 1995, S. 3 und Cohn-Bendit, Daniel; Schmid, Thomas, 1992, S. 113f.
8 Vgl. Holzer, Werner; Münz, Rainer, 1995, S. 69f.
9 Vgl. Statistisches Jahrbuch der Stadt Wien, 1997, S. 54.
10 Zitat nach Arbeiterkammerpräsident Herbert Tumpel. Quelle: Ö1 Mittagsjournal vom 17. 2. 1999.
11 John, Michael; Lichtblau, Albert, 1990, S. 183.
12 Vgl. Wiener Integrationsfonds, 1997, S. 76f.
13 Quelle: Ö1 Mittagsjournal vom 17. 2. 1999
14 Vgl. dazu auch den Abschnitt „Neben- und Miteinander von Alteingesessenen und ZuwanderInnen".
16 Eine Sonderstellung nehmen hier Gemeindebauten ein. In den letzten beiden Jahren werden zunehmend Konflikte aus Gemeindebauten zwischen Alteingesessenen und NeoösterreicherInnen an die Außenstelle des Wiener Integrationsfonds im 20. Bezirk herangetragen.
17 Vgl. Hopfinger, Christoph; Waldrauch, Harald, 1997, S. 51f.
18 An dieser Stelle möchte ich mich bei Frau BSI Johanna Kletzl recht herzlich für ihre Informationen bezüglich Pflichtschulen in der Brigittenau bedanken.
19 Vgl. Hammer, Gerald, 1994, S. 922.
20 Vgl. Wiener Integrationsfonds, 1997

21 Vgl. dazu auch den Abschnitt „Neben- und Miteinander von Alteingesessenen und ZuwanderInnen".
22 Vgl. dazu Halbeisen, Thomas; Postai, Bernd; Stadler, Michal, 1996.
23 Vgl. Perchinig, Bernhard, 1995b, S. 117.
24 Vgl. Schwarzgruber, K; Dietl, H., 1996, S. 26–31.
25 Cohn-Bendit, Daniel; Schmid, Thomas, 1992, S. 315–348.
26 Ebd. S. 326

Verwendete Literatur:

Cohn-Bendit; Schmid, Thomas: Heimat Babylon. Das Wagnis der multikulturellen Demokratie, Hamburg 1992.
Halbeisen, Thomas; Postai, Bernd; Stadler, Michael: Die Lebenswelt von PensionistInnen in den Parks der Brigittenau. Forschungsbericht im Auftrag des Wiener Integrationsfonds. Wien 1996.
Hammer, Gerold: Lebensbedingungen ausländischer Staatsbürger in Wien. In: Statistische Nachrichten 11/1994, Wien 1994.
Herold, Roland P.: Brigittenau. Von der Au zum Wohnbezirk. Wien 1992.
Holzer, Werner; Münz, Rainer: Wissen und Einstellungen zu Migration, ausländischer Bevölkerung und staatlicher Ausländerpolitik in Österreich. In: Österreichische Zeitschrift für Soziologie, 1/1995, S. 69–78.
Hopfinger, Christoph; Waldrauch, Harald: Einwanderung und Niederlassung in Wien. Sonderauswertung der Befragung „Leben in Wien". Endbericht. Studie im Auftrag des Wiener Integrationsfonds. Wien 1997.
John, Michael; Lichtblau, Albert: Schmelztiegel Wien einst und jetzt. Zur Geschichte und Gegenwart von Zuwanderung und Minderheiten. Wien 1993².
Lackner, Herbert: Die ersten Prohaskas. In: profil extra, Jänner 1999. S. e32– e35.
Perchinig, Bernhard: MigrantInnen in Österreich. Vorbereitet für "Europe, a new Horizon". Conference on Migration in the new Member States of the European Union. Helsinki, Finnland. 15–16 December 1995. Wien 1995 (unveröffentlichte Ausgabe)
Perchinig, Bernhard: Ausländer in Wien – Die zweite Generation. In: Bailer, Noraldine; Hoak, Roman (Hsg.), Jugendkultur. Wien 1995b. S. 113–138.
Schwarzgruber, K; Dietl, H.: Migrantenjugendliche auf der Suche nach einem „Zuhause". In: Mosaik, 13/96. S. 26–31.
Statistisches Jahrbuch der Stadt Wien, Wien 1997.
Wiener Integrationsfonds: Bericht über das Jahr 1996. Wien 1997.

Roland Peter Herold

Schule und Bildung

Die Brigittenauer Schulen

Die ersten Schulen in der Brigittenau und der Ortschaft Zwischenbrücken wurden aufgrund der Schulverfassung aus dem Jahre 1805 geführt. Diese Verordnung erschien unter dem Titel „Politische Verfassung der deutschen Schulen" in gedruckter Form. Die Grundlagen dieser Verordnung gehen auf Erlässe zur Schulordnung aus der Zeit Maria Theresias zurück. So wurde auch die Einteilung in Trivial-, Haupt- und Normalschulen beibehalten. Die Aufsicht hatten die Pfarren, die jedoch die Schulen im Namen des Staates zu führen hatten. So hatte jede Pfarrgemeinde eine Trivialschule (2- oder 4-klassig), in der ein Schulmeister und ein Schulgehilfe unterrichtete. Gelehrt wurden Rechnen, Lesen und Schreiben. Das Schulgeld von K 1,60 pro Schüler musste an den Schulmeister bezahlt werden, der dem Schulgehilfen davon „eine angemessene Entschädigung" zahlen musste.

Im Jahre 1868 trat anstelle der kirchlichen Aufsicht die staatliche, welche im Reichsvolksschulgesetz vom 14. Mai 1869 Gesetzeskraft erlangte. Es entstanden die 5-klassigen Volks- und 3-klassigen Bürgerschulen, der Sonntags- und Wiederholungsunterricht wurde abgeschafft und die Schulpflicht bis zum 14. Lebensjahr eingeführt. Die Ausbildung der Lehrer wurde mit vier Jahren festgesetz. Das dadurch erworbene „Zeugnis der Reife" berechtigte zur provisorischen Verwendung im Schuldienst. Die definitive Anstellung erfolgte nach Ausstellung eines „Lehrerbefähigungszeugnisses", welches nach zweijähriger Dienstzeit für Volksschulen bzw. dreijähriger für Bürgerschulen erworben werden konnte.

Auszug aus der Schulordnung von 1898:

„… Gottesfurcht, Sauberkeit und Pünklichkeit sind Voraussetzungen für einen ordentlichen Unterricht … Der Sonntag dient dem Kirch-

> *gang und der Sonntagsschule. Jeden Morgen wird im Bureau des Direktors das Gebet gesprochen … Einfache Kleidung ist Vorschrift. Die Lehrpersonen dürfen sich nicht in hell schimmernden Farben bewegen und nur ordentliche Strümpfe tragen. Ueberschuhe und Mäntel dürfen in der Klasse nicht getragen werden, da in allen Räumen ein Ofen zur Verfügung steht. Außerdem wird empfohlen, in Winterszeiten täglich 4 Pfund Kohle pro Lehrperson mitzubringen … Jede Lehrperson hat die Pflicht, für die Erhaltung seiner Gesundheit Sorge zu tragen, im Krankheitsfalle wird die Lohnzahlung eingestellt … Beamten des Bezirksschulrates und des Landesschulrates ist mit Ehrerbietung und Bescheidenheit zu begegnen …"*

Die älteste Schule war die im Hause des Forstmeisters Josef Thomayer geführte Privatschule in Zwischenbrücken. Sie wurde 1815 gegründet. Anfänglich waren es die Kinder des Forstmeisters, welche er von einem Privatlehrer unterrichten ließ. Mit der Zeit wurden auch die Kinder der Gasthausbesitzer, Müller, deren Schiffsmühlen am Kaiserwasser standen, und auch von Grundbesitzern in Zwischenbrücken in dieser Schule unterrichtet. 1840 wurde eine „kreisamtliche Kommision" in Zwischenbrücken abgehalten, die den Fortbestand der Schule sicherte und diese zur öffentlichen Filialschule der Pfarre Floridsdorf erhob. 1845 wurde ein zweites Lehrzimmer eröffnet und ein Unterlehrer angestellt. Mit der Einverleibung des Vorortes Zwischenbrücken 1850 in die Gemeinde Wien wurde diese Schule eine städtische. 1865 beschloss der Gemeinderat den Neubau einer Schule in Zwischenbrücken. Die feierliche Eröffnung dieses Gebäudes fand am 28. April 1866 in Anwesenheit von Bürgermeister Zelinka statt. Jedoch aufgrund der Kriegsereignisse wurde der Unterricht bereits im Juli eingestellt, da man dieses Gebäude als Kaserne benötigte und schließlich einige Wochen später als Not-Choleraspital adaptierte. Erst am 16. November 1866 wurde, nach gründlicher Reinigung, der Schulbetrieb wieder aufgenommen. An der Stelle dieser Schule befindet sich heute eine Wohnhausanlage der Gemeinde Wien – der Janecek-Hof, im Volksmund auch wegen seines ersten Anstriches „Kakao-Hof" genannt.

Während also in Zwischenbrücken 1840 schon die erste öffentliche Schule bestand, wurde in der Brigittenau erst 1848 im Privathaus Raffaelgasse 18 eine Volksschule eröffnet, um den Kindern den Weg in die Leopoldstadt, Schreygasse 2 zu ersparen. Über die damalige Situation gibt uns ein Protokoll anlässlich der Gründung dieser Schule Auskunft:

> *„Kommissionsprotokoll betreffend die Errichtung der Gemeindeschule in der Brigittenau, aufgenommen von Seite des k.k. Kreisamtes Viertel unter dem Manhartsberg bei dem Stft Klosterneuburg, Kommissseariate Brigittenau und Zwischenbrücken. Über das Ansuchen der Gemeinde Brigittenau um Errichtung einer Gemeindeschule daselbst hat das Kreisamt heutige kommissionelle Verhandlung gepflogen. Bei dieser Verhandlung erklärte der Herr Pfarrer zu St. Leopold, dass in der Gemeindeschule Leopoldstadt 500 Kinder Platz hätten, aber nur 83 Schulbänke vorhanden seien … ferner kann vom Mittelpunkt der Brigittenau zur Schule Leopoldstadt eine gute Stunde Weges angenommen werden. Das ist auch die Ursache, dass von den 171 schulfähigen Kindern nur 97 die Schule Leeopoldstadt besuchen. Hieraus stellt sich die Notwendigkeit der Errichtung einer Gemeindeschule in der Brigittenau. Zu Erreichung dieses Zweckes wurde von der Gemeinde Wien bereits eine Wohnung im Hause Nr. 112 (Raffaelgasse 18) im 2. Stock bestellt … Der Hausbesitzer Ritter von Braunthal begehrt als Mietzins für das obig beschriebene Lokal jährlich fl 170, um jedoch die gute Sache zu fördern, erklärte er, im ersten Jahr die Hälfte und im zweiten Jahr ein Drittel desselben nachzulassen …"*

Die erste Brigittenauer Schule wurde demnach 1848 eröffnet, wobei das Stift Klosterneuburg die Schulaufsicht hatte. Zwei Jahre später, als die Brigittenau zu Wien kam, wurde sie eine Kommunalschule. 1856 wurde seitens der Gemeinde Wien das Haus Wintergasse 82 (später Nr. 34) zu Schulzwecken angekauft, um die Schule dorthin zu verlegen und auf fünf Klassen zu erweitern. Der Eigentümer des Hauses war Jakob Winter, Besitzer eines Gast- und Kaffeehauses und einige Jahre Ortsrichter in der Brigittenau. Im Hof dieser Schule war auch das „Brigittenauer Feuerlöschdepot" untergebracht.

Nach der Donauregulierung stieg die Einwohnerzahl der Brigittenau und somit auch die Zahl der schulpflichtigen Kinder. Es mussten neue Schulen errichtet werden, um den Bedarf an Schulraum zu decken. So entstanden nach und nach neue Schulkomplexe, wobei in jüngster Zeit wieder einige Schulneubauten notwendig wurden bzw. bei Drucklegung dieses Buches in der Fertigstellung sind. Dies ergab sich aus den neu entstandenen Wohngebieten im Norden der Brigittenau sowie in der Gegend des Handelskais.

Hier eine Übersicht der Brigittenauer Schulen:

Volksschule Wintergasse 34 *	eröffnert 1848
Volksschule Gerhardusgasse 7 *	erbaut 1878
Bürgerschule Staudingergasse 6	erbaut 1886
Volksschule Karajangasse 14–16 *	erbaut 1889 **)
Volksschule Wasnergasse 33 *	erbaut 1889
Volksschule Wintergasse 34 *	1893, Privateinmietung
Volks- und Hauptschule Pöchlarnstraße 12–14	erbaut 1895 (ab 1999 nur Hauptschule)
Volksschule und Sonderschule Treustraße 9	erbaut 1897
Bürgerschule Jägerstraße 54 *	erbaut 1899
Bürgerschule Leipziger Platz 1	erbaut 1903 (für Knaben)
Bürgerschule Leipziger Platz 2	erbaut 1906 (für Mädchen)
Volksschule Allerheiligenplatz 7	erbaut 1908
Volksschule Greiseneckergasse 29	erbaut 1912
Hauptschule Greiseneckergasse 31	erbaut 1912
Volksschule Leystraße 34 und 36	erbaut 1912

Volksschule Vorgartenstraße 50	erbaut 1915
Hauptschule Stromstraße 40	erbaut 1915
Polytechn. Lehrgang Vorgartenstraße 95	erbaut 1927 ***)
Sonderschule Raffaelgasse 13 *	nach 1945
Volksschule Spielmanngasse 1	erbaut 1968 (Ganztagsschule)
Volksschule Treustraße 55	erbaut 1988
Volksschule Dietmayrgasse 3	erbaut 1992
Volksschule Robert-Blum-Gasse 2	erbaut 1996
Volksschule Engerthstraße 76	erbaut 1999

*) Diese Schule gibt es heute nicht mehr.

**) Die Volksschule Karajangasse 16 diente 1938 als Anhaltelager, von hier aus ging der erste Dachau-Transport ab.

***) Erbaut als tschechische Schule von der Kommensky-Gesellschaft. Hier wurde 1967 der Polytechnische Lehrgang untergebracht. Dieser übersiedelte 1999 in die neue Schule Engerthstraße 76.

Bürgerschule ist die alte Bezeichnung für die heutige Hauptschule.

Das Gymnasium in der Unterbergergasse

Am 16. September 1900 nahm die damalige „k.k. Franz Joseph Staats-Realschule" ihren Betrieb auf. In der Ersten Republik wurde der Name auf „Bundesrealschule Wien XX" geändert. 1938 wurde auch diese Realschule „arisiert" und eine „Oberschule für Jungen" nach deutschem Muster geführt. Mit 189 Schülern begann nach dem Zweiten Weltkrieg das Schuljahr 1945/46 wieder und die erste Maturaprüfung nach dem Krieg war bereits ein Jahr später. Nach der Beseitigung aller Kriegsschäden konnte wieder mit dem Normalbetrieb begonnen werden. Mit der steigenden Schülerzahl wurde ein Um- und Anbau notwendig. Die Arbeiten dazu begannen 1981, das ehemalige Volksschulgebäude in der Karajangasse wurde in den Schulkomplex integriert und so entstand ein unterrichtsgerechtes, modernes Bundes-, Bundesreal- und Oberstufenrealgymnasium.

Das Technologische Gewerbemuseum (TGM)

Aus Platzgründen übersiedelte das TGM von der Währingerstraße in die Brigittenau. Es wurde 1879 für die Berufsfortbildung von Wilhelm Exner gegründet, war ursprünglich in der Eschenbachgasse und unterstand dem NÖ Gewerbeverein. Aus Platzmangel kam diese Lehranstalt in die aufgelassene Lokomotivfabrik von Sigl in die Währingerstraße. 1972 wurde mit dem Neubau in der Brigittenau begonnen und am 4. Oktober 1979 fand die feierliche Eröffnung statt.

„… systematische fachliche Lehre, Anschauungsunterricht und technisches Versuchswesen … sollen gemeinsam die Grundzüge dieser Einrichtung bilden … die theoretische Lehre und die praktische Unterweisung in neuzeitlich ausgestatteten Werkstätten …“, hatte Exner bei der Gründung gefordert und dies gilt bis in die heutige Zeit.

Das Berufsförderungsinstitut (bfi)

Das bfi Wien ist die größte berufliche Erwachsenenbildungseinrichtung in der Bundeshauptstadt. Die Trägerorganisationen sind die Kammer für Arbeiter und Angestellte und der Österreichische Gewerkschaftsbund. Auf Initiative des Wiener Arbeitsmarktservice (AMS) und der Arbeitnehmervertretungen wurde 1987 das Berufsbildungszentrum des bfi in der Brigittenau – Engerthstraße/Innstraße – gegründet. Ein Jahr lang lief der Probebetrieb zur vollsten Zufriedenheit und ein Jahr später wurde diese Einrichtung offiziell eröffnert. 1995 kamen das Ausbildungszentrum für Bau- und Holzberufe sowie die Automatisierungstechnik dazu.

Die Aus- und Weiterbildungsangebote sind vielseitig: Metall-, Elektro- und grafische Berufe, Schweiß-, Bau- und Holztechnik, Elektronik und EDV finden wir im bfi-Kursverzeichnis. Eine Besonderheit bietet das modulare Ausbildungssystem mit flexiblem Einstieg. 65 Ausbilder und ca. 70 Werkvertragsnehmer sorgen für die qualitative Ausbildung und sozial-pädagogische Betreuung der Kursteilnehmer. Mehr als 1.000 Facharbeiter wurden hier mittlerweile ausgebildet und knapp 90% der Absolventen haben einen Arbeitsplatz gefunden.

Nach dem Motto: *„Wissen veraltet heute schneller denn je – lebensbegleitendes Lernen wird dadurch unverzichtbar"* werden fachliche Fähigkeiten und soziale sowie personelle Qualifikationen gefördert und sind für die Wiener Wirtschaft unverzichtbar.

Die Volkshochschule Brigittenau (VHS)

Die erste Volkshochschule in der Brigittenau war vor dem Zweiten Weltkrieg in der Schule Stromstraße untergebracht. Allgemein bildende Kurse standen auf dem Kursprogramm. Mit dem Herbstsemester 1947 nahm die VHS nach dem Krieg ihren Betrieb in der Schule Leipziger Platz wieder auf. Die Übersiedlung in die Sonderschule Raffaelgasse 13 fand 1953 statt. Nach einigen kleineren Umbauten der Sonderschule konnte auch die Volkshochschule einige Räumlichkeiten für den Kursbetrieb dazubekommen, um dem steigenden Kursbetrieb gerecht zu werden. Bei einem nochmaligen Umbau 1974 wurde auch das Nebengebäude (Arbeiterheim) miteinbezogen und so bekam die Volkshochschule in dem neu adaptierten „Haus der Begegnung" neue, moderne und unterrichtsgerechte Kursräume. Mittlerweile ist die VHS Brigittenau zur größten Sprachschule Wiens geworden, in der neben vielen allgemein bildenden Kursen und Vorträgen auch 50 Fremdsprachen unterrichtet werden.

Im Schuljahr 1998/99 (Herbst- und Frühjahrssemester) besuchten in 528 Kursen 5.007 Teilnehmer die Volkshochschule. Die Anzahl der Kursleiter betrug 239. Ferner wurden 21 Vorträge, 15 Filmvorführungen, 4 Führungen und Reisen, 2 Ausstellungen und 11 sonstige Veranstaltungen mit insgesamt 5.209 Teilnehmern durchgeführt.

Volkshochschule und Haus der Begegnung

Bezirksmuseum Brigittenau

„... endlich war es so weit!" – am 19. Mai 1994 konnte nach einem zweijährigen Umbau das neue Bezirksmuseum in der Dresdner Straße 79 im Beisein der Frau Kulturstadträtin Dr. Ursula Pasterk, des Präsidenten der ARGE der Wr. Bezirksmuseen, Prof. Harry Glöckner, und des Gemeinderats im Kulturausschuss, Adolf Lehner, eröffnert werden. Die Festansprachen hielten Finanzstadtrat Hans Mayr und Bezirksvorsteher Karl Lacina.

Das erste „Heimatmuseum" nach dem Krieg war im provisorischen Amtshaus am Wallensteinplatz untergebracht, von wo es dann in die Volkshochschule Raffaelgasse 13 übersiedelte. Dem Museum stand damals nur ein Klassenraum zur Verfügung. Dieser Platzmangel wurde nach der Übersiedlung in die Räumlichkeiten der ehemaligen Bezirksstelle der Krankenkasse in der Engerthstraße einigermaßen behoben.

Das heute neue Museum in der Dresdner Straße war ursprünglich eine Fabrikantenvilla und wurde auf den Fundamenten eines alten Fährhauses errichtet – später durch den Industriellen Bertram angekauft und als Büro- und Wohnhaus verwendet. Nach der Auflösung der Firma Bertram kam dieses Haus in den Besitz der Telefon Standard AG, bzw. deren Nachfolger, der ITT Austria. Als diese aus Platzmangel nach Floridsdorf übersiedelte, stand das Haus leer. Es wurde von der Gemeinde Wien angekauft und zu Museumszwecken umgebaut, wobei auf den Denkmalschutz besonders Rücksicht genommen wurde.

Die Entwicklung des Bezirkes Brigittenau steht selbstverständlich im Mittelpunkt der Sammlungen, die von der Zeit der Au bis in die Gegenwart reichen. Eine ständige Dokumentation zeigt die Geschichte von der unregulierten Donau bis zur heutigen internationalen Wasserstraße. Sonderausstellungen mit verschiedenen Themen sowie verschiedene Veranstaltungen wie Lesungen, Vorträge, u. v. m. stehen auf dem Programm des Bezirksmuseums. Die Brigittenauer Schulen lockern den Sachkundeunterricht durch den Besuch des Museums gerne auf. Der Jahresdurchschnittsbesuch liegt bei 1.800 bis 2.000 Besuchern.

Freizeit in der Brigittenau

Roland Peter Herold

Historische Streifzüge

Der Brigittakirtag

> *„Wen Zufall oder Geschick um den 20. Juli aus der Ferne nach Wien führen sollte, der unterlasse es ja nicht, sich nach dem ‚Brigittakirchtage' zu erkundigen und nach dem etwas entlegenen Schauplatze desselben geleiten zu lassen. Es wird sich ihm dort ein ebenso großartiges als originelles und szenenreich gestaltetes Bild aufrollen, das ihn später noch lange in der Erinnerung beschäftigen wird … Man kann den Kirtag in der Brigittenau im wahrsten Sinne des Wortes ‚ein Lustlager der Wiener Bevölkerung' nennen …"*

So beginnt ein Artikel in der Leipziger „Illustrierten Zeitung" vom 4. Oktober 1845, der über die damalige größte Wiener Volksveranstaltung berichtet. Die Heiterkeit, Fröhlichkeit, Laune und Ungezwungenheit dieses Festes, das 40.000–50.000 Menschen *„aus allen Classen und Ständen, Farben und Arten"* vereinigt, ist hier ausführlich beschrieben. Die Größe dieses Kirtags kann man heute nur aus wenigen Aufzeichnungen ermessen: So erschien im Jahre 1822 ein Gedicht mit 24 Strophen von Karl Soringer, der darin eine genaue Schilderung gibt. Bemerkenswert ist auch, dass drei namhafte Wiener Bühnen, nämlich das Kärtnertor- und Carltheater sowie das Theater an der Wien die „Brigittenauer Kirchweih" auf die Bühne brachten. 1847 komponierte Johann Strauß (Sohn) eigens für dieses Fest die „Erntetänze", die von Militärkapellen erstmals am Kirtag gespielt wurden.

Der Beginn dieses Volksfestes lässt sich mit ziemlicher Sicherheit an den Anfang des 18. Jahrhunderts datieren. Aus Bestandbriefen, Wirtschafts-

und Verwaltungsquellen, wie etwa Lebensmittelverrechnungen des Stiftes Klosterneuburg, kann man ersehen, dass zu dieser Zeit die Erlaubnis an k.k. Fasanjäger und Wiener Lebzelter erteilt wurde, gegen ein Satzgeld von vier Gulden pro Jahr am Tag des Kirchweihfestes Wein, Bier, Met und Branntwein auszuschenken. 1748 erließ das Stift ein Dekret, wonach der Richter von „Eypoltau" ermächtigt wurde, Standgelder einzuheben. Das Fest, das jeweils am vierten Sonntag nach Pfingsten begann und vier Tage dauerte, wurde stets mit einem feierlichen Gottesdienst in der Brigittakapelle eröffnet. Die meisten Besucher trafen erst am Nachmittag des ersten Tages ein, meist in mächtige Staubwolken gehüllt, deren Urheber die Fiaker, vollbesetzte Zeiselwagen, aber auch einzelne Reiter waren. Oft stauten sich die Wagenkolonnen und die Gäste legten das letzte Wegstück zu Fuß zurück.

An den Zufahrtswegen zum Kirtag machten Harfinisten, Geiger und Werkelmänner auf sich aufmerksam … und manches goldene Wienerherz wurde nach der Höhe seiner „edlen Gabe" auch geadelt: *„Küss' die Hand, Euer Gnad'n! – Tausend Dank, Herr Graf! – … aber Herr Baron!"* Unter den vielen Gästen des Kirtags befanden sich auch einige Persönlichkeiten, wie Musiker und Maler, deren Bilder noch heute Zeugnis der damaligen Festtagsstimmung abgeben. Unter den Besuchern war auch der Dichter und Schriftsteller Franz Grillparzer. In seiner Erzählung „Der arme Spielmann" schildert er das Treiben auf diesem Volksfest:

> *„… An diesem Tage feiert die mit dem Augarten, der Leopoldstadt, dem Prater in ununterbrochener Lustreihe zusammenhängende Brigittenau ihre Kirchweihe. Von Brigittakirtag zu Brigittakirtag zählt seine guten Tage das arbeitende Volk. Lange erwartet erscheint endlich das saturnalische Fest. Da entsteht Aufruhr in der gutmühtig ruhigen Stadt. Eine wogende Menge erfüllt die Straßen … an den Toren der Stadt wächst der Drang… Die ersten Bäume des Augartens und der Brigittenau werden sichtbar. Land! Land! Land! Alle Leiden sind vergessen…"*

Titelblatt zu „Der arme Spielmann“

Die Wiener waren ausgerückt und belagerten die Wiesen und Wäldchen rund um die Brigittakapelle. Hier war alles vertreten – singende Gruppen, ein Rudel von spielenden Kindern, zu Lanner- und Straußmelodien tanzende Jugend – und für die gute Stimmung sorgten die Buden der Gastwirte mit Essen und Trinken, wo so manches Glas Bier oder Wein mehr als normal durch die von Hitze und Staub ausgetrocknete Kehle floss.

Abends stiegen dann die Feuerwerke hoch in den Himmel und erst spät in der Nacht dachte man ans Nachhausegehen … oder man blieb, wo man war, um den nächsten Tag weiter zu erleben. Vier Tage dauerte dieses Fest, das die Wiener auch reichlich genossen „*… die Szenen der Lust zu schauen …*“ und die Fröhlichkeit bewegte das Volk „*… dicht an der ehrwürdigen Stätte der Capelle über den Pestgräbern …*“ vorbei. Um den großen Umweg über die Schlagbrücke beim Roten-Turm-Tor auszuweichen, hatte man für die Bewohner vom Alsergrund eine eigene Pontonbrücke aus Zillen über den Wiener Arm (heute Donaukanal) errichtet. Diese Schiffsbrücke – „Stroheckbrücke“ genannt – war die Vorläuferin der Brigitta- und heutigen Friedensbrücke – die Bezeichnung „Stroheck“ ist heute noch in einem Straßennamen im 9. Bezirk gegenwärtig.

Der so genannte Nachkirtag, also einen Tag nach dem eigentlichen Fest, entsprach nicht ganz dem Gefühl Adolf Bäuerles, wie er in seinen Memoiren von einem „*typischen Pöbelgewoge*“ schreibt. Auch die weit gereiste Ida Pfeiffer schrieb von diesem Nachkirtag, dass sie ein Volksfest im Orient diesem vorzöge.

Nach 1845 flaute der Kirtagsbesuch immer mehr und mehr ab. Schuld daran waren wohl einerseits die Vergabe von Baugründen, auf denen die ersten Häuser der Brigittenau errichtet wurden, und anderseits wohl auch die ernste Stimmung des Vormärz. Im Jahre 1848 wurde dieses Volksfest in eingeschränktem Umfang zum letzte Mal abgehalten. 1849 erfolgte ein „Zivil- und Militär-Verbot“ für diese Veranstaltung.

Von alten Gast- und Unterhaltungsstätten

Von den ersten Gaststätten der Brigittenau sind außer ihrer Nennung fast keine Berichte überliefert. Es kann jedoch angenommen werden, dass die Besucher dieser „Ausschenken“ Schiffsleute, Müller, Holzarbeiter und Sonntagsausflügler gewesen sein dürften. Der Geschichtsschreiber Pezzl erwähnt um 1822 zwei Gasthäuser „*nebst dem Ausschank im Jägerhaus*“, das wohl als Erstes angenommen werden kann. Bereits 1711 erhielten die k.k. Jäger wegen ihres guten Verhaltens das Recht, Bier und Wein auszuschenken. 1853 entnimmt man aus Gemeindeaufzeichnungen bereits vier Gaststätten im alten Zwischenbrücken, das um diese Zeit 89 Häuser umfasste: „Zu den drei Alliierten“, Taborlinie 1; Gasthaus „Wiesgrill“, Taborau 31; Gasthaus „Zischek“, Außer der Linie und Josef Kastner, An der Donau 657. In der Brigittenau, wo sich 180 Häuser befanden, gab es das Gasthaus Weiglein, Nr. 43 am Kaiserwasserufer. Es wurde wegen seiner schönen Lage und der Nähe zum Universumgarten an den Wochenenden von den Wienern gerne besucht – weiters das Gasthaus „Zum weißen Schwan“, Dammstraße 38; in der Treustraße 145 das Gasthaus „Zum König David“. „Zum Kaiser von Österreich“ nannte sich die Gaststätte Raffaelgasse 120 und der „Grüne Baum“ befand sich in der Wintergasse 95. (Die Nummern sind alte Hausnummern vor 1900). Auf die in der alten Brigittenau traditionelle Jagd wies der Name „Zum Jagdhorn“ als Gasthausbezeichnung in der Jägerstraße 110 hin, während die Gaststätte „Till“ – Jägerstraße 36 – „Zur Dampftramway“ und davor „Zur Jägerwiese“ hieß.

Ein altes Gasthaus (Seidl) im Brigittawald

Das Gasthaus „Zum Rehbock“

Ein Gasthaus, das bis vor wenigen Jahren unter der Adresse Dresdner Straße 117 zu finden war, hatte eine interessante Geschichte. Ursprünglich stand das 1805 von Ferdinand Strasshofer erbaute ebenerdige Haus mit dieser Bezeichnung in der Prager Reichsstraße 60. In diesem war ein Kaffeehaus untergebracht, in dem sich die vornehmen Wiener trafen. Weniger vornehm ging es bei Überschwemmungen der Donau zu, wenn sich die Schiffsmüller vor den Wassermassen hierher flüchteten. Beim unvorsichtigen Trocknen nasser Kleider fiel das Gebäude 1809 einem Brand zum Opfer. Bald wurde das Gast- und Kaffeehaus „Zum Rehbock“ wieder aufgebaut und war eine gut gehende Gaststätte. Bei der großen Überschwemmung des Jahres 1862 gaben die Wirtsleute 50 evakuierten Personen uneigennützigerweise freie Unterkunft und Verpflegung. Diese Verhaltungsweise lobte Bürgermeister Zelinka persönlich. Die Söhne der späteren Besitzerin Elisabeth Harner hielten Klaviervorträge, die das Publikum begeisterten. Als in dieser Gegend mit den Arbeiten zur Donauregulierung begonnen wurde, verlor das von den Wienern liebevoll genannte „Rehböckl“ seine Zugkraft. Im Jahr der Choleraepidemie 1872 wurde im „Rehbock“ eine Schulklasse untergebracht, da das neue Schulgebäude in Zwischenbrücken als Spital gebraucht wurde. Schließlich, da auch die Badegäste vom 50 Meter entfernten Marienbad ausblieben, als dieses abgerissen werden musste, fiel auch 1888 dieses traditionsreiche Gasthaus der Spitzhacke zum Opfer.

Das zweite Gasthaus „Zum Rehbock“

Indessen erbaute der Gastwirt Georg Enders Ecke Dresdner Straße / Innstraße ein neues ebenerdiges Gasthaus und übernahm das alte Wahrzeichen – den liegenden Rehbock, der nun den Eingang dieses Hauses zierte. Auch zwei Kegelbahnen wurden errichtet und bald war die neue Gastwirtschaft „Zum Rehbock“ ein beliebtes Ziel von Volk und manch vornehmer Gesellschaft. So weilte auch Kronprinz Rudolf, der in den Brigittenauer Waldungen gerne jagte, mit seinem Leibkutscher Bratfisch, dessen Humor und Gesangskunst bekannt und beliebt waren, öfters hier. Später, zum Andenken an diese Besuche, wurde ein Fiakerzeugl unter Glas in der Wirtsstube angebracht. Dieses Gasthaus überlebte den Ersten und Zweiten Weltkrieg und wurde erst vor einigen Jahren abgerissen.

Das Colosseum

Zu dem in den Dreißigerjahren des 19. Jahrhunderts erbauten Colosseum führte bis 1842 die erste Wiener Pferdebahn und brachte die Gäste in das „praterähnliche" Unterhaltungsgelände. 40 verschiedene Attraktionen wurden geboten, wovon der „Coloss", ein riesiger Elefant mit einem Fassungsvermögen von rund 50 Personen als Gaststätte die Hauptattraktion bildete. Trotz anfänglicher Massenbesuche und Kirtage konnte das Colosseum nicht lange bestehen. Nach dem Abriss war das Gelände noch einige Jahre als „Wohltätigkeitspark" zeitweise in Verwendung. Übrigens: In allen Räumlichkeiten des Colosseums war das Rauchen verboten.

Die Wiener fuhren gerne zur Unterhaltung ins Colosseum

Das Universum

Es war eine ähnliche Unterhaltungsstätte wie das Colosseum, welche 1830 von Carl Hoer errichtet wurde und erst nach 40 Jahren dem Nordwestbahnhof weichen musste. Schon von weitem sah man den sechsstöckigen Turm des großen Etablissements, in dem täglich eine Militärkapelle oder ein Streichorchester aufspielte. Es war die Zeit der Straußwalzer und -Kompositionen, die die Besucher begeisterten. In dem anschließenden Park befanden sich Bier- und Weinschenken und verschiedene Volksbelustigungen wie Ringelspiel, Schießbuden, Kegelbahnen u. v. a. In den geräumigen Sä-

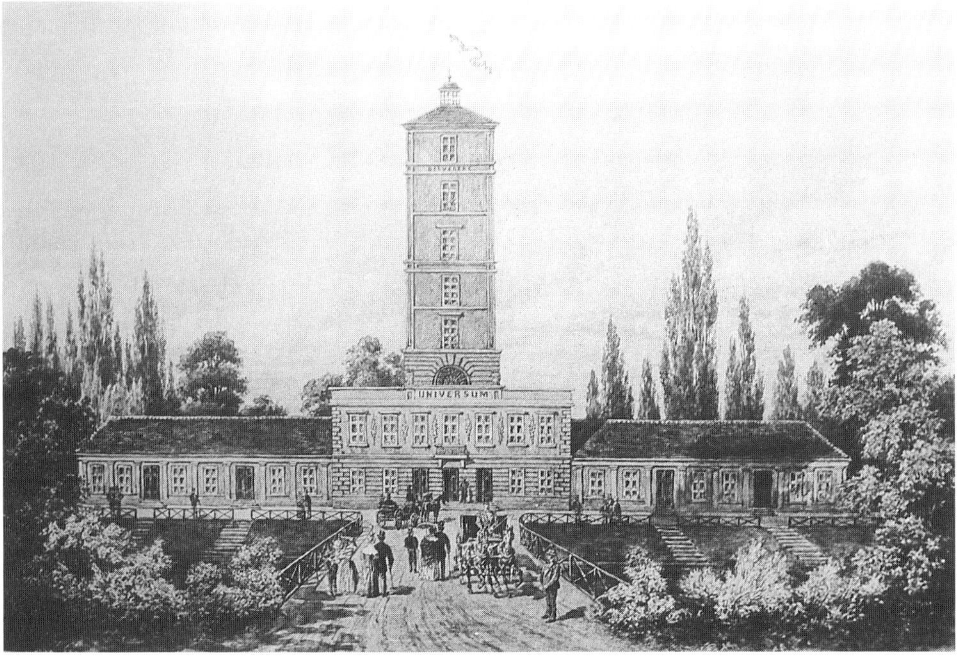

Universum

len fanden vornehme Bälle, aber auch jene für das Volk statt, wobei die so genannten „Armenbälle" als Wohltätigkeitsveranstaltung jährlich hier abgehalten wurden. Im Jahre 1848 kam es hier zu Arbeiterversammlungen und im Zuge der Oktoberrevolution zu blutigen Auseinandersetzungen, wobei auch ein großer Teil des Gebäudes einem Brand zum Opfer fiel. Nach der Wiederherstellung 1864 wurde eine Gasbeleuchtung installiert. Die Zuleitung erfolgte vom nahen Gaswerk in Zwischenbrücken. Die Gründung des ersten Brigittenauer Männergesangsvereins, der zur

Unterhaltung mancher Brigittenauer Feste beitrug, fand in diesem Gebäude statt.

Das Mariannenbad in der Dresdner Straße

Sonntag, 30. November 1884

> *„Im Sturm und Schnee fuhr unser Zeichner hinaus in die Dresdner Straße, um ein Stück Alt-Wien der Erinnerung der Wiener zu bewahren, bevor es fällt. Es ist dies das Mariannenbad, das den Bewohnern der Leopoldstadt und von Floridsdorf wohl noch aus der Zeit bekannt sein wird, da es diesen Namen noch verdiente und in Wirklichkeit noch ein Bad war. Man muss es nur wissen, dass in nächster Nähe des Badehauses sich ein Donauarm hinzog, dessen Wasser durch die erfolgte Regulierung dem großen Strome zugeführt wurde, sodass das Mariannenbad alsbald im Trockenen stand. Es hat heute keinen rechten Zweck mehr, das alte Badehaus muss fallen, um einem Neubau Platz zu machen. Das ebenerdige Haus mit den vergitterten Fenstern, vor dem die kahlen, vom Sturm gepeitschten Pappeln Wache halten, ist das eigentliche Badehaus. Das kleine Holzgebäude daneben ist die Kasse und noch heute liest man dieses Wort auf einem Täfelchen über dem Tore.“*
>
> (Aus: Illustriertes Wiener Extrablatt)

Verwendete Literatur

Stiftsarchiv Klosterneuburg
Czeike, Felix: Wien-Lexikon
Sekora: Aufzeichnungen zur Brigittenauer Geschichte
Kaiser, Franz: Die Brigittenau
Herold, Roland P.: Brigrittenau. Von der Au zum Wohnbezirk

Peter Payer

Schauplatz: Kino

Von den insgesamt 76 ortsfesten Filmvorführstätten, die man im April 1909 in Wien zählte, standen bereits zwei in der Brigittenau: das 1908 gegründete 1. BRIGITTENAUER-Kino in der Marchfeldstraße 9 und ein schlicht KINEMATOGRAPHENTHEATER genanntes Etablissement in der Klosterneuburger Straße 40. Noch im selben Jahr wurde in der Rauscherstraße 10 ein drittes KINEMATOGRAPHENTHEATER eröffnet.

Aufgrund des anhaltenden Publikumsinteresses wurden die beiden letztgenannten, relativ kleinen Spielstätten in den folgenden Jahren wieder geschlossen. Dafür entstanden nun die ersten größeren Lichtspieltheater: 1911 das MATHILDEN-Kino (Mathildenplatz [heute Gaußplatz] 13), 1912 das WALLENSTEIN-Kino (Wallensteinstraße 55), 1913 das WAILAND-Kino (Klosterneuburger Straße 33) und 1914 das TRIUMPH-Kino (Leystraße 81).

Die meisten dieser Kinos waren so genannte Ladenkinos, d.h., bereits bestehende Geschäftslokale wurden so adaptiert, dass sich ein schmaler, lang gestreckter Kinosaal ergab, der lediglich durch einen separaten Projektionsraum sowie einen kleinen Vorraum, in dem sich Kassa, Buffet und Sanitäranlagen befanden, ergänzt werden musste. Da gute Zugänglichkeit und auffällige Lage wichtig waren, wurden diese Kinos, deren Fassungsraum etwa hundert bis zweihundert Personen betrug, durchwegs in Eckhäusern errichtet. Lediglich das WAILAND und das WALLENSTEIN stellten eigens errichtete Kinobauten dar, die in den Innenhof des jeweiligen Hauses eingebaut wurden und damit weitaus größere Säle (343 bzw. 502 Sitzplätze) enthielten.

Hinsichtlich Platzangebot und Ausstattung war das nach Plänen des renommierten Architekten Siegmund Müller errichtete WALLENSTEIN eindeutig das modernste Kino des Bezirks. Bei seiner Eröffnung am 1. Oktober 1912 wurde es als künftige Sehenswürdigkeit der Brigittenau gefeiert. Die „Kinematographische Rundschau“ berichtete:

„Der zwanzigste Wiener Gemeindebezirk, die Brigittenau, hat seit einigen Tagen durch die Errichtung des neuen Kinematographentheaters eine Sehenswürdigkeit erhalten, die wesentlich dazu beitragen dürfte, das Interesse für Kinoschaustellungen weiter zu erhöhen. Der Theatersaal, der in Creme und Gold gehalten ist, präsentiert sich als ein Muster moderner Kinobaukunst."

Unmittelbar nach dem Ersten Weltkrieg war es aufgrund der ökonomisch angespannten Lage äußerst schwierig, neue Kinos zu gründen. Als konkrete Pläne auftauchten, am Wallensteinplatz 6 ein neues Kino namens VINDOBONA zu eröffnen, sprach sich die Bezirksvertretung Brigittenau im November 1919 zunächst entschieden dagegen aus. Begründet wurde dies damit, dass sich in unmittelbarer Nähe bereits drei Kinos befänden und somit für ein weiteres kein Bedarf vorhanden sei. Erst die Berücksichtigung der Tatsache, dass der Antragsteller Julius Dutka ein Kriegsinvalider war, sowie das minutiöse Vorrechnen der Entfernungen zu den nächstgelegenen Kinos (440 bis 590 Schritte) bewirkten ein Umdenken, sodass das VINDOBONA 1921 doch noch eröffnet werden konnte. Das 481 Sitzplätze umfassende Kino wurde unterirdisch in den Hof des Hauses eingebaut.

Weitere Kinos konnten in der Brigittenau nur mehr im zwischen Nordwestbahnhof und Donau gelegenen Stadtteil „Zwischenbrücken" errichtet werden. Dieses ausgedehnte Arbeiterviertel wies mit lediglich zwei Lichtspieltheatern noch keine so große Kinodichte auf wie die so genannte „Alt-Brigittenau" entlang der Wallensteinstraße. Im Jahre 1920 eröffnete das HELLWAG (Hellwagstraße 30), ein kleines Ladenkino mit 180 Sitzplätzen. Und auch in dem Mitte der Zwanzigerjahre errichteten Gemeindebau „Winarsky-Hof" wurde der große, mit 450 Sitzplätzen ausgestattete Veranstaltungssaal unter dem Namen WINARSKY-Kino seit 1926 für Filmvorführungen genutzt.

Die Gründung dieses Kinos war Teil einer umfassenden sozialdemokratischen Film- und Kinopolitik, die sich in den Zwanzigerjahren gegen das

Winarsky-Kino

vielfach als „Schmutz und Schund" apostrophierte Filmangebot in den herkömmlichen Kinos wandte. Den Hintergrund dieser Bestrebungen stellte die bereits vor dem Krieg geführte und nun wieder neu entflammte Debatte über die wachsende Bedeutung des Kinos als Unterhaltungsstätte der „Masse" dar. Für die Sozialdemokratie war es eine moralische Bedrohung, wenn im Jahre 1919 in Wien bereits täglich 140.000 Personen Kinovorstellungen besuchten. Auch die Bezirksvertretung der Brigittenau äußerte ein Jahr später die Befürchtung, dass durch eine weitere Vermehrung der Zahl der Kinos insbesondere *„der sittlichen Verrohung der heranwachsenden Jugend kräftig Vorschub geleistet wird"*. Die heftig geführten Diskussionen arteten mitunter in handfesten Protesten aus. So wurde etwa die Eröffnung des HELLWAG im Jahre 1920 zunächst von fünfhundert Arbeitern in einer spontanen Aktion verhindert.

Insgesamt acht Kinos gab es nun in der Brigittenau, die eine annähernd flächendeckende Versorgung der Bevölkerung ermöglichten und durchwegs alle an stark frequentierten Straßen und Plätzen situiert waren. Als „audiovisueller Nahversorger“ (Martin Mészáros) hatte jedes Kino seinen eigenen Einzugsbereich. Über eine regionale Bedeutung kamen diese Kinos allerdings nicht hinaus. Hier gab es keine glanzvollen Filmpremieren oder Aufsehen erregenden Auftritte prominenter Filmstars. Durch die Flüsse Donaukanal und Donau sowie die großen Areale des Nord- und Nordwestbahnhofs von den angrenzenden Bezirken isoliert, entwickelte sich in der Brigittenau eine typisch vorstädtische Kinokultur, die in erster Linie auf die eigene Bezirksbevölkerung ausgerichtet war.

In jener Zeit kam der Brigittenau übrigens eine besondere Bedeutung innerhalb der österreichischen Filmproduktion zu. Bereits seit 1913 gab es in der Pappenheimgasse 2 die vom berühmten Filmpionier Graf Alexander (Sascha) Kolowrat gegründete Sascha-Filmfabrik, in der Marchfeldstraße 18 befand sich seit 1918 das riesige Gelände der Astoria-Filmfabrik und in der Engerthstraße 119 existierte für einige Jahre eine kleine Filmfabrik namens Atlantis (später Eos).

Von den Kinos wurden einige ab Mitte der Zwanzigerjahre umgebaut und zum Teil auch umbenannt: Das 1. BRIGITTENAUER-Kino hieß ab 1923 MARCHFELD, das WAILAND ab 1924 BRIGITTENAUER KAMMERLICHTSPIELE und ab 1931 FRIEDENSBRÜCKEN, das MATHILDEN ab 1923 JÄGER LICHTSPIELE und ab 1925 LICHTSPIELE AM GAUSSPLATZ. Wie in anderen Wiener Vorstadtbezirken auch, leiteten sich in der Brigittenau die Kinonamen meist direkt vom unmittelbaren städtebaulichen Umfeld ab, womit auch in dieser Hinsicht das Bodenständige der hiesigen Kinokultur betont wurde.

Ende der Zwanzigerjahre wirkte sich die allgemeine Wirtschaftskrise immer deutlicher auf den Geschäftsgang der Kinos aus. Hinzu kam die Umstellung auf Tonfilm, der sich beim Publikum zunehmender Beliebtheit erfreute. Für die Kinobetreiber wurde es zur Überlebensnotwendigkeit, ihren Betrieb mit einer Tonfilmapparatur auszustatten, was vor allem bei den kleinen und mittleren Betrieben nicht ohne erhebliche finanzielle Belastungen vor sich ging. In der Brigittenau war die Umrüstung im Jahr 1931 abgeschlossen.

Das Bürgerkriegsjahr 1934 und die Errichtung des autoritär-klerikalen Ständestaates blieb nicht ohne Auswirkungen auf die Brigittenauer Kinos. Das WINARSKY wurde der sozialdemokratischen Partei entzogen und 1936 in HÖCHSTÄDT umbenannt, hatte der Name doch bisher allzu deutlich an die sozialistische Arbeiterbewegung erinnert (Leopold Winarsky war Führer der Brigittenauer Arbeiterbildungsbewegung). Das Kino wurde nun, wie die beiden anderen Großkinos WALLENSTEIN und VINDOBONA, zum Bezirksuraufführungskino erklärt, alle übrigen Kinos im 20. Bezirk waren schon allein aufgrund ihrer geringen Sitzplatzanzahl so genannte Nachspielkinos.

Insgesamt können die Dreißigerjahre über weite Strecken als eine Phase der langsamen Konsolidierung bezeichnet werden. Zwar wurden insgesamt bei weitem keine so hohen Besucherzahlen wie noch zu Beginn der Zwanzigerjahre erreicht, doch allmählich konnten die Kinobetreiber wieder einen passablen Gewinn erzielen.

Mit dem „Anschluß“ Österreichs an das Deutsche Reich änderte sich die Situation abermals. Das FriedensbrückeN-, das HÖCHSTÄDT- und das HELLWAG-Kino wurden ganz oder teilweise „arisiert“, die ehemaligen jüdischen (Mit-)Besitzer vertrieben oder interniert. Ungeachtet dessen waren die Kinos in den Kriegsjahren ausgezeichnet besucht. Sogar die Vertreibung des zahlreichen jüdischen Publikums konnte mehr als wettgemacht werden.

Erst als die Alliierten ihre Luftangriffe auf Wien intensivierten, kam es zu einem massiven Besucherrückgang. Immer mehr Kinos mussten wegen Strommangel oder „Feindeinwirkung“ sperren. Im 20. Bezirk wurden bis auf das VINDOBONA und das TRIUMPH sämtliche Kinos von den Kampfhandlungen in Mitleidenschaft gezogen. Während das MARCHFELD, das HELLWAG und das HÖCHSTÄDT nur relativ leichte Zerstörungen aufwiesen, wurde das FriedensbrückeN am 12. März 1945 von zwei Bomben schwer getroffen. Noch schlimmer erwischte es das WALLENSTEIN, das am 22. März durch einen Bombentreffer völlig zerstört wurde.

Nach Kriegsende konnten die nur leicht beschädigten Kinos relativ rasch instand gesetzt werden, sodass sie spätestens ab Sommer wieder spielbereit waren. Der Wiederaufbau des FRIEDENSBRÜCKEN dauerte bis Ende 1947, das WALLENSTEIN konnte erst im November des folgenden Jahres – nun allerdings bedeutend vergrößert (628 Sitzplätze) – wiedereröffnet werden.

Konzessions- und Eigentumsverhältnisse der „arisierten" Kinos wurden überprüft, Rückerstattungsverfahren eingeleitet. Das Publikumsinteresse war auch in den Nachkriegsjahren ungebrochen, war das Kino doch für viele der einzig mögliche Ort der Ablenkung vom tristen Alltag. Bereits in den Fünfzigerjahren war es vielen Kinobesitzern aufgrund der weiterhin hohen Besucherzahlen wieder möglich, Investitionen in ihre Betriebe zu tätigen. So rüstete man 1955 im WALLENSTEIN und im VINDOBONA auf die neue Cinemascope-Technik um, und auch das FRIEDENSBRÜCKEN wurde 1958 modernisiert und mit neuester Technik ausgestattet.

Als sich jedoch zu Beginn der Sechzigerjahre eine tief greifende Kinokrise abzeichnete, waren die Vorstadtkinos aufgrund ihres engen Einzugsbereichs besonders betroffen. Denn während die filminteressierte Jugend nun die Kinos in der Innenstadt bevorzugte, in denen die Filme ihrem Geschmack weitaus mehr entsprachen und zudem viel früher anliefen, starb das alte Stammpublikum allmählich weg oder verbrachte seine Freizeit immer häufiger vor dem Fernseher.

In der Brigittenau fielen dem nun massiv einsetzenden Kinosterben in rascher Folge fünf Spielstätten zum Opfer: 1964 das MARCHFELD, 1966 das FRIEDENSBRÜCKEN, 1967 das HELLWAG, 1969 das TRIUMPH und das WINARSKY, das noch sechs Jahre zuvor modernisiert und vergrößert worden war und dabei seinen alten Namen wiedererhalten hatte.

Von der Schließung betroffen waren in erster Linie die kleineren Nachspielkinos und hier vor allem der Bezirksteil „Zwischenbrücken“, dem damit innerhalb von sechs Jahren sämtliche Kinos abhanden kamen. Nur die beiden größten Kinos VINDOBONA und WALLENSTEIN konnten sich noch einige Jahre behaupten, ehe auch sie 1976 bzw. 1986 sperren mussten. Ähnlich wie im Einzelhandel hatte auch in der Kinobranche ein gewaltiger Konzentrationsprozess eingesetzt, der nur jene Standorte übrig ließ, die gut erreichbar und bestens ausgestattet waren. Die Ware Film wurde künftig bevorzugt an Orten mit breiterem und schneller wechselndem Angebot gehandelt.

Einer jener Orte wird sich allerdings ab dem Jahr 2000 erneut im 20. Bezirk befinden. Mit der Eröffnung des größten Wiener Multiplex-Kinos am Handelskai (25 Säle für insgesamt 4.500 Zuschauer sind geplant) wird die Brigittenau nach über einem Jahrzehnt erstmals wieder zu einem Kino-Bezirk werden.

Werner Brunner

Freizeit heute in der Brigittenau

Allgemeines

Vom Brigittakirtag zu den Bezirksfestwochen, vom „Fetzenlaberlspiel“ auf der Schlegerwiese zur Ausübung vieler Sportarten auf zeitgemäßen Sportanlagen, vom Weinhaus Ockermüller zum Haubenlokal, von der Au zum Abenteuerspielplatz, vom Bad im Donaukanal – mit Sonnenbad (in der „Kombinäsch“ und im „Ruderleiberl“) auf der „schrägen Wiese“ – zum modern ausgestatteten Bezirksbad. Die Veränderungen könnten noch seitenweise fortgesetzt werden, es veränderten sich nicht nur die Freizeitinteressen der Menschen, auch die Gegebenheiten wurden der Entwicklung angepasst. Der Brigittenauer Bevölkerung standen aufgrund der geografischen Lage immer viele Freizeitmöglichkeiten offen. Praktisch „vor der

Haustür“ wurden der Bevölkerung viele Möglichkeiten geboten. Auch das Vereinsleben war und ist stark ausgebildet.

Der 20. Wiener Gemeindebezirk ist heute nicht nur ein idealer Wohnbezirk, sondern auch ein ausgeprägter Freizeitbezirk. Durch eine geschickte Verkehrspolitik sind die Freizeitoasen in den Nachbarbezirken wie z. B. die Donauinsel – um die Wien von den Großstadtverantwortlichen der Welt beneidet wird – einfach und schnell zu erreichen. Bei der absoluten Nähe des Bezirks zum Zentrum der Stadt gelangen die Brigittenauerinnen und Brigittenauer innerhalb kürzester Zeit in die Naherholungsgebiete wie Wienerwald, Prater, Alte Donau u. a. m.

Der Ausbau der Radwege im Bezirk und das „Anbinden“ an die Radwegsysteme Wiens hat die Brigittenau zu einem Eldorado für Radfahrer

Die Donaukanalpromenade – ein Eldorado für Radfahrer und Jogger

und Skater werden lassen. Radfahren und – bei den jungen Menschen Skaten – werden immer beliebter. Die Radwege auf den Promenaden entlang der Donau oder des Donaukanals führen in die Innere Stadt, in den Prater, nach Nußdorf und weiter Donaustrom aufwärts oder über eine der Donaubrücken auf die bereits erwähnte Donauinsel mit den vielen Freizeiteinrichtungen Eine Variante des internationalen Donau-Radwanderweges führt durch die Brigittenau.

Auch für Spaziergänger bieten sich ideale Gelegenheiten, die kilometerlangen, wunderschönen Promenaden an der Donau und am Donaukanal mit dem Blick auf das Wasser mit den internationalen Schiffen, mit Rastmöglichkeiten auf einladenden Bänken – Erholung pur. Viele kleine und größere Parkanlagen, die Höfe in den Gemeindebauten, der nahe Augarten sind Stätten zum Ausspannen und zur Erholung; Möglichkeiten, die Bewohner anderer Großstädte, aber auch anderer Bezirke Wiens in dem Ausmaß und in der Qualität nicht haben.

Die Donauuferpromenade lädt ein zum Spazierengehen

Zu den vielen „Freiluft“-Freizeitflächen bietet die Brigittenau viele Unterhaltungs- und Kulturprogramme, vielfältige Sportmöglichkeiten, ein internationales Lokalangebot, Vereine und Weiterbildungseinrichtungen, sodass die Brigittenauer Bevölkerung – auch in ihrer multikulturellen Vielfalt – für ihre Freizeitplanung die Qual der Wahl hat. Viele Einrichtungen sind erst in den letzten Jahren entstanden oder auf einen modernen und zeitgemäßen Standard gebracht worden.

Dem Zeitgeist und daher den Wünschen der Bevölkerung wurde in großem Ausmaß Rechnung getragen. Die Angebote sind so breit gefächert, dass es weder eine Frage des Alters noch der Herkunft noch des Einkommens ist, um in seinem Heimatbezirk die passende Auswahl für die Freizeitbeschäftigung zu finden.

Spiel und Spaß für Kinder

Waren es früher die Augebiete, später die noch unverbauten Flächen, die den Kindern die Möglichkeiten zum Stillen ihres Bewegungsdranges boten, so mussten im Zuge der Erbauung der neuen Wohnhäuser Alternativen für die Kinder des Bezirkes geschaffen werden. Bei der gesamten Bezirksplanung wurde besonders in der jüngeren Geschichte der Brigittenau auf die Gestaltung neuer Spielplätze bzw. auf Neu- und Umgestaltung vorhandener Spielplätze Bedacht genommen. So entstanden in den letzten zwölf Jahren acht neue Spielplätze, darunter der viel beachtete „Schmetterlingsspielplatz“ in der Wehlistraße (gegenüber der Nr. 14–16) oder die „Kuniburg“ Ecke Spielmanngasse/Dietmayrgasse. Sechs Spielplätze und vier Ballspielplätze wurden neu gestaltet. Die Spielplätze sind architektonische Meisterwerke, die dem Abenteuerdrang und den Erlebniswünschen der kleinen Besucher sehr entgegenkommen. Das wichtigste Material ist dabei Holz. Im Forsthauspark bei der Brigittakapelle wurde eine großzügige Skateboardbahn, die allen Erfordernissen dieser Trendsportart gerecht wird, errichtet.

Darüber hinaus bestehen viele Angebote von Sportvereinen, der Volks-

Ballspielplatz

hochschule und von verschiedenen Kinder- und Jugendorganisationen. In den Ferien gibt es Programme des Wiener Ferienspiels und Feriensportwochen, die im Bezirk durchgeführt werden.

Nicht nur während der Bezirksfestwochen, sondern das ganze Jahr über

Kinderspielplatz am Gaußplatz

Rollerskatebahn

haben Kinder und Jugendliche viele Möglichkeiten zur kulturellen Betätigung.

In 30 verschiedenen Kindertagesheimen (20 städtische Heime, 6 Kinderfreunde-Heime, 3 kirchliche Heime, 1 privates Heim) haben Kinder die Möglichkeit, pädagogisch betreut einen Teil ihrer Freizeit zu verbringen. In den öffentlichen Parks kümmern sich speziell ausgebildete Parkbetreuer um die Brigittenauer Kinder und Jugendlichen.

Parkbetreuung durch die Wiener Kinderfreunde

Senioren fühlen sich hier wohl

Die Senioren fühlen sich in der Brigittenau ganz besonders wohl, viele Einrichtungen wurden und werden extra für die ältere Generation geschaffen. Bei den allgemeinen öffentlichen Einrichtungen wurde und wird auf die Bedürfnisse der Älteren speziell Rücksicht genommen.

Die Menschen haben eine höhere Lebenserwartung als noch vor einigen Jahren und auch die geistige und körperliche Fitness ist bei Senioren viel größer als früher. Diesen neuen Gegebenheiten muss die Gesellschaft und die Politik Rechnung tragen. In der Brigittenau ist das sehr gut gelungen.

Die städtischen wie auch die privaten Initiativen sind in diesem Bezirk besonders ausgeprägt. Pensionistenklubs, die für die ältere Generation ausgerichteten Gruppen in den Sportvereinen, die „Runden" in den Pfarren oder sonstigen Gruppierungen und die sehr aktive Bezirksgruppe des Pensionistenverbandes bieten den Senioren ein großes Angebot Auch bei den Programmen der Bezirksfestwochen werden die Wünsche der älteren Menschen berücksichtigt.

Die vielen kleinen Parks und Grünanlagen sind Kommunikationsoasen für die älteren Menschen in der Brigittenau und die bereits erwähnten Erholungsgebiete an der Donau und am Donaukanal leicht erreichbare Ziele.

Das Pensionistenheim „Haus Brigittenau" bietet den Bewohnern nicht nur ein reichhaltiges Unterhaltungs- und Beschäftigungsprogramm sondern auch die vertraute Umgebung ihrer früheren Wohngegend.

Kultur und Unterhaltung

Über die Beliebtheit des Brigittakirtags und sein Ende 1848 wurde bereits berichtet. Das Brigittenauer Kulturforum hat 1980 begonnen, am alten Standort bei der Brigittakapelle den Brigittakirtag wieder zu organisieren.

Aus dem Programm von 1980: ein Bierzelt, Ringelspiele, ein Volkssänger-Nachmittag mit Gaby Bischof und Stefan Paryla, ein Mitmachtheater für Kinder, Gemeindebautheater u. a. mit Heinz Petters und Herwig Seeböck, ein Autokorso sowie ein Kulturwanderweg durch den Bezirk. Die Entwicklung des Kirtags war aber nicht entsprechend, daher wurde dieses Spektakel nach einigen Jahren wieder eingestellt.

Programmheft für den Brigittakirtag 1980

Es gab und gibt in der Brigittenau viele kulturelle Veranstaltungen und Angebote. Träger dieser Tätigkeiten ist größtenteils das Kulturforum Brigittenau – eine 1979 gegründete überparteiliche Plattform –, das sich zur Aufgabe gesetzt hat, Initiativen zu wecken und als Sammelbecken für die weit gestreuten kulturellen Interessen der Brigittenauer Bevölkerung zu dienen. Das Angebot der Brigittenauer Bezirksfestwochen ist nur ein Teil der Tätigkeit dieses Kulturforums. Viele Initiativen der verschiedenen Organisationen werden unterstützt, Brigittenauer Nachwuchskünstler gefördert, aber auch internationale Stars in die Brigittenau gebracht.

Ein Auszug aus dem Programm der Bezirksfestwochen 1999 dokumentiert das breite und interessante Angebot dieses Festivals, es reicht von einem Konzert der Don Kosaken bis zur „Brigittenauer Klangwolke der Schülerinnen und Schüler“, dem Straußjahr wurde mit Konzerten Rechnung getragen, aber auch Kindertheater und Darbietungen des Chores der Universität von Sothern Main standen auf dem Programm.

Es würde den Rahmen dieses Beitrages sprengen, wollte man die vielen kulturellen Initiativen der Brigittenauer Bevölkerung aufzählen. Ob es die Einstudierung und Aufführung des Musicals „Die Konferenz der Tiere“ nach Erich Kästner durch Schüler aus dem Brigittenauer Gymnasium ist oder ein „Theater mit Jugendlichen“, entstanden aus einem Theater-Workshop, oder die Konzerte des Musikvereines „Forte“. Auch die Veranstaltungen der aus anderen Ländern zugezogenen Menschen dokumentieren die Vielfalt des kulturellen Spektrums in diesem Bezirk.

Mit dem Kabarett VINDOBONA in den Räumen des ehemaligen Vindobona-Kinos, kurze Zeit hatte auch das „Serapions-Theater“ hier seine Spielstätte, hat sich 1988 eine Kabarettbühne erster Klasse etabliert. Alle namhaften österreichischen Kabarettisten treten hier mit ihren Programmen auf, die Ankündigungsplakate an den Wänden des Theaters lesen sich wie ein „Who is Who“ der Elite zeitgenössischer österreichischer Kleinkunst.

Aber auch Kindertheater und Lesungen gehören zum Repertoir des 330 Personen fassenden Theaters.

Das „Vindobona" – eine Kabarettbühne erster Klasse

Eine weitere Bühne für vorwiegend junges Publikum befindet sich in der Adalbert-Stifter-Straße. In der Krypta der ehemaligen „Eucharistischen Gedächtniskirche" („unterirdische Kirche") wurde 1999 das „PLANET MUSIC" eröffnet, davor war es etwa zehn Jahre das „ROCK- HOUSE".

Im PLANET MUSIC werden Konzerte vor allem aus den Musikbereichen Rock, Pop, Soul, Jazz etc. aufgeführt. Es werden aber auch Clubbings und Firmenfeste organisiert.

Das HAUS DER BEGEGNUNG in der Raffaelgasse 13 ist Herberge vieler kultureller und gesellschaftlicher Veranstaltungen. Ob es Aufführungen des VOLKSTHEATERS, Lesungen (z. B. mit Karlheinz Hackl und Texten von Wiener Kaffeehausliteraten), die Kreativmesse Brigittenau, in der Brigittenauer Hobbykünstler ihre Exponate zeigen, Wienerlied-Abende, klassische Konzerte oder Musicals, dargeboten von den Stars aus dem Theater an der Wien, sind. Diese vielen unterschiedlichen Veranstaltungen sowie Bälle, Kränzchen, Diavortäge etc., haben dieses Gebäude, in dem auch die Brigittenauer Volkshochschule beheimatet ist, wahrlich zu einem „Haus der Begegnung“ gemacht.

Auch die Bezirksvorstehung öffnet den Festsaal des Amtshauses – nicht nur zu den Festwochen – gerne für kulturelle Veranstaltungen und für Ausstellungen.

Amtshaus am Brigittaplatz

Das Brigittenauer Bezirksmuseum in der Dresdner Straße bietet den Besuchern neben der ständigen Ausstellung über die Geschichte des Bezirkes immer wieder Sonderausstellungen und Vorträge.

Im Gebiet der heutigen Brigittenau hat es auch in früheren Zeiten bekannte und beliebte „Unterhaltungsstätten“ gegeben. Das Colosseum, ein „Vergnügungsetablissement“, das in der ersten Häfte des vorigen Jahrhunderts in der Nähe der heutigen Zrinyigasse betrieben wurde, war Ort vieler Gesellschafts-, Tanz- und Ballveranstaltungen.

Das Universum stand am heutigen Frachtenbahnhof der Nordwestbahn. Neben Ringelspielen am Gelände gab es in den Sälen regelmäßig Konzerte und große Wiener Bälle. Der Vergnügungspark musste dem Bau des Nordwestbahnhofes weichen (1870).

Nicht nur auf interessante und populäre Spielorte kann die Chronik verweisen, auch große Künstler haben ihre Heimat in dem Bezirk. International anerkannte Regisseure, bekannte Schauspieler, Sänger, bildende Künstler und Autoren sind Kinder der Brigittenau.

Eine farbige Palette mit vielen Schattierungen, eine Speisekarte mit unzähligen Wahlmöglichkeiten, das ist das Kultur- und Unterhaltungsangebot in der Brigittenau.

Sport

Neben den vielen Individualsportmöglichkeiten im Bezirk – die Jogger, Radfahrer und Skater auf den Promenaden , die jungen „Ballzauberer“ auf den Spielplätzen schätzen – üben die Brigittenauer traditionell ihren Sport gerne in Vereinen aus.

Die gesellschaftliche Komponente dürfte dabei auch wichtig sein. Der größte Sportverband in Österreich, die Arbeitsgemeinschaft für Sport- und Körperkultur (ASKÖ) unterhält in der Brigittenau einen Bezirksverband, den ASKÖ Brigittenau. Seit dem Jahr 1931 verwaltet der Bezirksverband die Sportanlage Robert Blum (heute SPORTZENTRUM ASKÖ BRIGITTENAU). Ursprünglich wurde die Sportanlage von den Arbeitersportlern in tausenden freiwilligen kostenlosen Arbeitsstunden selbst gebaut. Von 1934–1945 konnte die Sportanlage von den ASKÖ-Sportlern aus politischen Gründen nicht benützt werden. Nach dem Ende des Zweiten Weltkriegs fanden die Sportler eine Anlage mit vielen Bombentreffern vor und erneut wurde von den idealistischen Arbeitersportlern die Sportanlage wieder benützbar gemacht.

Das ASKÖ-Sportzentrum Brigittenau

In den Siebzigerjahren wurde der Sportplatz von der Gemeinde Wien gründlich renoviert und im Juni 1978 offiziell seiner Bestimmung übergeben.

Heute bietet ein modernes Bezirkssportzentrum mit einem Rasenfußballfeld, einem Kunstrasenfeld für Fußball, einem für Handball und Basketball, Tennisplätze, einem Beach-Volleyballplatz, einer Gymnastikhalle, einem Klubhaus mit Sauna und Sportkegelbahnen, leichtathletschen Anlagen, und Wiesen, den Sporttreibenden ideale Bedingungen. Erst im Spätsommer 1999 wurde ein Inline-Skater-Asphaltfeld gebaut, auf dem Inline-Hockey gespielt wird.

In unmittelbarer Nachbarschaft zum ASKÖ-Sportplatz steht die von der Gemeinde Wien betriebene Sporthalle Brigittenau in der Hopsagasse. Diese Mehrzweckhalle wurde interimistisch als Ersatz-Eishalle – bis zur Fertigstellung der Albert-Schultz-Halle in Wien 22 – benützt.

Heute ist sie eine moderne Sporthalle, die in vier Einheiten unterteilt werden kann. Sie bietet für viele Sportarten beste Trainingsmöglichkeiten und bei Sportveranstaltungen – auch internationale Bewerbe finden hier statt – können bis zu 700 Zuschauer Platz finden.

Außer diesem Bezirkssportzentrum (Sportanlage ASKÖ Brigittenau und

Sporthalle), gibt es noch zwei weitere Sportplätze im Bezirk: den von der Gemeinde Wien verwalteten BSC-Platz (früher BAC) in der Lorenz-Müller-Gasse / Ecke Spielmanngasse und den zum Wiener Fußballbund gehörenden Sportplatz (früher die „Gruabn“) in der Pasettistraße.

Auch das Hallenbad Brigittenau – mit einer großen Rasenfreifläche für Sonnenhungrige – bietet den Schwimmsportlern gute Möglichkeiten. Neben den allgemeinen Schwimmabenden gibt es spezielle Angebote für die verschiedenen Alters- und Interessengruppen vom Babyschwimmen bis zum Seniorenbadetag.

Von den Sportvereinen in der Brigittenau sind zwei davon echte Allroundsportvereine: Der WIENER ARBEITER TURN- UND SPORTVEREIN GRUPPE BRIGITTENAU (WAT 20) wurde 1919 von einigen

Hallenbad Brigittenau

Turnern, die der „Freien Turnerschaft Leopoldstadt“ angehörten, gegründet. Die wechselhafte Geschichte des Vereines ist sehr stark mit dem Schicksal der Sozialdemokratischen Partei verbunden. Nach einer sehr intensiven Entwicklung in den späten Zwanziger- und frühen Dreißigerjahren wurde der WAT im Jahre 1934, wie alle sozialdemokratischen Organisationen, verboten. Doch sofort nach dem Krieg wurde der Turnbetrieb in Schulturnsälen – am Anfang noch unbeheizt, zum Teil beschädigt, mit eingeschlagenen Fenstern – wieder aufgenommen. Im Jahr 1999, im Jahr des 80. Geburtstages des Traditionsvereines präsentiert sich der WAT Brigittenau als moderner Sportverein, der in verschiedenen Brigittenauer Schulturnsälen, im Gymnastiksaal, in der Sporthalle Brigittenau, auf der ASKÖ-Sportanlage und im Bezirks-Hallenbad Programme in 40 verschiedenen Sparten anbietet. Wöchentlich stehen 70 Veranstaltungen im Vereinsbetrieb und im Kursbereich zur Verfügung.

Auch die SPORTUNION ALT-BRIGITTENAU (UAB) ist ein Allroundsportverein. Der Ursprung des Vereines geht auf jene Zeit zurück, in der die christliche Turnbewegung in Österreich Fuß gefasst hatte. Im Dezember 1922 wurde der selbstständige Turnverein „Christlich-Deutscher Turnverein Alt-Brigittenau“ ins Leben gerufen. Nach den Kriegsjahren gründeten im September 1945 ehemalige Funktionäre des zwischenzeitlich aufgelösten Christlich-Deutschen Turnvereines die „Sportunion Alt-Brigittenau“, die eine sehr gute Entwicklung genommen hat. Bei der UAB werden heute Leistungs- und Fitsport betrieben, in den Sparten Leichtathletik, Geräteturnen, Judo und Karate wurden viele Meistertitel erzielt. Spitzenleistungen bieten auch die Mannschaften in Basket- und Volleyball. Die Volleyballmannschaft hat zweimal am Europacup teilgenommen.

In 30 Sportarten (zu denen u. a. auch Ballett und Stepptanz zählen) wird in den Brigittenauer Schulturnsälen (und auch in denen der Nachbarbezirke), der Brigittenauer Sporthalle, aber auch auf der „Jahnwiese“ im Augarten Sport betrieben.

Auch die Volkshochschule bietet neben den Aus- und Weiterbildungsprogrammen Sport-Trainingsmöglichkeiten an. Mannschaften aus vier

Brigittenauer Fußballvereinen nehmen am Meisterschaftsbetrieb des Wiener Fußballbundes teil: der SEC BRIGITTENAU (entstanden aus dem ASKÖ SEC MARISCHKA), der BSV, die OLD FORMATION und der WAF.

Darüber hinaus wird in einigen kleinen Gruppen (auch Wander- und Touristenvereine) Sport betrieben.

Die Brigittenauerinnen und Brigittenauer sind „wohl ein sportlich Volk".

Nachwort

Am Schluss des Buches soll eine Vorschau auf die künftige Entwicklung des 20. Bezirkes nicht fehlen. Es ist nur nicht leicht, diese verlässlich vorherzusagen. Wie ein Blick in die Geschichte lehrt, sind die wesentlichsten Entwicklungsphasen der Brigittenau (wie auch die der übrigen Stadt) auf Impulse bzw. politische, ökonomische und gesellschaftliche Veränderungen Österreichs oder Europas zurückzuführen. So brachten zuletzt Ende der Achtzigerjahre der Zusammenbruch des kommunistischen Systems in den Oststaaten sowie die Öffnung des Eisernen Vorhangs eine Trendwende in der städtebaulichen Entwicklung mit sich.

Es soll hier niemandem der Glaube an Stadtentwicklungs- und Bezirksentwicklungsplanung genommen werden. Fakt jedoch ist es, dass planerische Zielvorstellungen aus der heutigen Situation heraus morgen schon nur mehr Wunschvorstellungen sein können, welche der realen Entwicklung nicht mehr entsprechen.

Beispiele ließen sich zur Genüge anführen. So war z. B. Anfang der Neunzigerjahre wienweit eine Sättigung des Büromarktes eingetreten. Bürohausprojekte wurden reihenweise schubladisiert. Der Trend zur Rationalisierung und zu Fusionierungen bei den produzierenden Betrieben führte weiter zu Schließungen von Betrieben in den dicht besiedelten innerstädtischen Bezirken. Neuansiedlungen erfolgten nahezu ausschließlich am weniger sensiblen und vor allem billigeren Stadtrand oder gar im Umland.

Gleichzeitig entstand durch die Wanderungsbewegung aus dem Osten und durch den Trend zu Einpersonenhaushalten ein quantitativer und durch die gestiegenen Ansprüche der Menschen an ihre Wohnungen auch ein qualitativer Wohnungsbedarf. Das Zusammentreffen all dieser Faktoren brachte es mit sich, dass die frei gewordenen und nicht mehr für betriebliche Nutzungen nachgefragten Flächen in der Brigittenau – entgegen der planerischen und politischen Zielsetzung – in großem Umfang durch den Wohnbau konsumiert wurden.

Jetzt, am Ende des Jahrtausends, boomt die Nachfrage nach modernen und technisch am letzten Stand der Entwicklung ausgestatteten Büros. Und die Brigittenau hat infolge der in den letzten Jahren neu entstandenen Hochbauten sowie aufgrund der verbesserten verkehrsmäßigen sowie sozialen Infrastruktur ihr Imageproblem stark verkleinert. Dementsprechend erfreulich gestaltet sich die Nachfrage nach Bürohausstandorten im Bezirk. Als Paradebeispiel darf hier der 202 m hohe Millennium-Tower gelten, welcher in der Vollbesiedlung rund 2.500 Büroarbeitsplätze beherbergen wird und bereits vor Bezug zu 70% vermietet war. Aber auch kleinere Bürohausprojekte, wie z. B. alleine die fünf Objekte in der Dresdner Straße, haben unerwartet rasch Mieter gefunden.

Dies und die merkbare Nachfrage nach hochwertigen Wohnungen im Augartenviertel, jenem mit den typischen Problemen eines Gründerzeitviertels behafteten Bezirksteils beiderseits der Wallensteinstraße, lassen einen eindeutigen Schluss zu. Nämlich, dass der 20. Bezirk seine Verwandlung oder besser Weiterentwicklung vom Arbeiterwohnbezirk am Rande der Innenstadtbezirke zum hochwertigen innerstädtischen Wohnbezirk mit guter Grünversorgung, sehr guter Infrastruktur, einer wachsenden Zahl an Arbeitsplätzen sowie jüngst deutlich ausgebauten Verkehrsverbindungen soeben erfolgreich vollzieht.

Dieser überdurchschnittliche Entwicklungsschub des letzten Jahrzehnts trug endlich auch der ausgezeichneten Lage des 20. Bezirkes im gesamtstädtischen Kontext Rechnung. Eingebettet zwischen den Großgrünräumen des Donauraums und des Donaukanals sowie der größten innerstädtischen Parkanlage, dem Augarten, liegt die Brigittenau zudem in fußläufiger Distanz zur City und bietet eine ausgezeichnete verkehrsmäßige Vernetzung mit der übrigen Stadt.

Die künftige Entwicklung dürfte durch das langsame Aufbrauchen der primären Reserveflächen, das heißt der jetzt noch freien Grundstücke sowie der frei gewordenen Betriebsareale, gekennzeichnet sein. Dabei wird seitens des Bezirkes größter Wert auf die Schaffung von zusätzlichen Arbeitsstätten und damit Arbeitsplätzen gelegt. Erzwingen lässt sich dies, siehe oben, jedoch leider nicht. Die Anzeichen sehen aber sehr viel versprechend aus. Den Hauptanteil dabei werden natürlich die schon dargestellten Bürohausprojekte innehaben. Räumlich gesehen werden die Achse Dresdner Straße mit Schwerpunkt Höchstädtplatz sowie die Ergänzung der Stadtkante am Handelskai betroffen sein.

Der Höchstädtplatz ist unter Einbeziehung der beiden Baublöcke der ehemaligen Niederösterreichischen Molkerei sowie der eineinhalb Blöcke der ehemaligen Wabco-Westinghouse Gegenstand eines städtebaulichen und architektonischen Gutachterverfahrens. Mit berücksichtigt wird dabei auch die für 2001 vorgesehene Absiedlung des Männerheimes in der Meldemannstraße. Die Erzielung einer Mischnutzung mit einem möglichst hohen betrieblichen Anteil und die Berücksichtigung von kulturellen und sozialen Einrichtungen sind wichtige Vorgaben in diesem Verfahren.

Nachdem in den letzten zehn Jahren über 5.000 Wohnungen in der Brigittenau neu errichtet wurden (Wohnparks Kornhäusel und Dresdner Straße, Hofbauergründe, Handelskai zwischen Floridsdorfer Brücke und Brigittenauer Brücke, Bereich Donaueschingenstraße/Pasettistraße/Leystraße usw.), ist in der zweiten Hälfte des kommenden Jahrzehnts eine Verlangsamung der „inneren Stadterweiterung“ zu erwarten. Nämlich deswegen, weil die primären Reserveflächen aufgebraucht sein werden und die Überformung heutiger Nutzungen beginnen wird. Es wird dabei um die intensivere Ausnutzung der Grundstücke sowie Unterbringung zeitgemäßer Nutzungen gehen.

Neben der Hautpentwicklungsschiene, dem Neubau im innerstädtischen Raum mit seinen kürzesten Verkehrswegen und bestehender guter Infrastruktur, wird eine mindestens ebenso wichtige Entwicklungsschiene Stadterneuerung heißen müssen. Schwerpunkt wird hier die Sanierung der Gründerzeithäuser sein. Trotz enormer Bemühungen in den letzten beiden Jahrzehnten besteht hier noch Nachholbedarf bei der Beseitigung des Substandards und der Kleinstwohnungen.

Als unrealistisch einzuschätzen ist allerdings das Abbrechen von Doppeltrakten zur Gewinnung von mehr Freiraum, besserer Belichtung und

Belüftung. Hier ist leider keine wirtschaftliche Lösung möglich. Eine Substanzverbesserung ist aber jedenfalls anzustreben. Dadurch können zwei Probleme gelöst werden. Zum einen, dass die heutigen Bewohner zeitgemäße Wohngelegenheiten bekommen, zum anderen, dass diese Wohngebiete auch wieder von österreichischen Nachfragern akezptiert werden und so einer drohenden Ghettoisierung (bis zu rund 70% Ausländer pro Baublock) entgegengewirkt werden kann. Als Musterbeispiel dafür kann das Augartenviertel genannt werden.

In diesem Zusammenhang sind auch die Bemühungen um die Aufwertung der Wallensteinstraße als Hauptgeschäftsstraße und die Neugestaltung des Wallensteinplatzes als deren Mittelpunkt zu sehen. Durch eine attraktivere Gestaltung der Einkaufsstraße sollen Käufer, vorwiegend aus dem Bezirk, zurückgewonnen werden. Entscheidend wird dabei die Initiative der Kaufleute selbst sein. Ein attraktives Umfeld alleine wird nicht ausreichen, das gesteckte Ziel zu erreichen. Eine Umgestaltung des Wallensteinplatzes zu einem städtischen Treffpunkt soll jedenfalls dem umgebenden Viertel ein benutzbares und attraktives Zentrum bringen.

Da beim Wohnungsneubau aufgrund der hohen Bebauungsdichte infolge der wirtschaftlichen Zwänge kaum zusätzliche Frei- und Grünflächen gewonnen bzw. geschaffen werden können, kommt dem öffentlichen Grünraum und auch Straßenraum erhöhte Bedeutung zu. Das Potential, öffentliche Grünflächen zu schaffen, wurde in den letzten Jahren, insbesondere im Zuge der U6-Oberflächengestaltung, fast vollständig genutzt. Jetzt gilt es verstärkt, Grünverbindungen und Grünzüge neu herzustellen bzw. attraktiv zu gestalten. Einzig eine Teilfläche des ehemaligen Brigittenauer Bahnhofs am rechten Donauufer bietet Möglichkeiten, neuen Grünraum zu schaffen. Seitens der Stadt und des Bezirkes gibt es dazu übereinstimmende Willensäußerungen.

Die Veränderung eines anderen Bahnhofes im Bezirk gestaltet sich allerdings nicht so hoffnungsfroh. Zum einen ist der Nordwestbahnhof natürlich auch Arbeitsstätte für einige hundert Beschäftigte und sollte daher respektiert werden, zum anderen sind die vom Bahnhof direkt und indirekt als Verkehrserzeuger ausgehenden Immissionen für die in den letzten Jahrzehnten rundherum gewachsenen Wohngebiete ein ersthaftes Problem. Darüber hinaus wird eine rund 40 Hektar große innerstädtische Erweiterungsfläche durch eine auf diesem Standort nicht mehr zeitgemäße Nutzung blockiert.

Man darf sich in diesem Zusammenhang übrigens nicht der Illustion hingeben, dass hier ausschließlich ein neuer Park entstehen würde. Vielmehr werden entsprechend der innerstädtischen Lage und des damit verbundenen Grundstückspreises entsprechend dichte und damit auch große neue Verkehrsmengen generierende Nutzungen Platz finden müssen. Wann dies allerdings sein wird, kann heute nicht seriös vorausgesagt werden. Laut den Österreichischen Bundesbahnen müsste als Voraussetzung für eine Absiedlung des Nordwestbahnhofes dreifacher Ersatz gefunden werden, nämlich in Inzersdorf, in Albern und in Transdanubien. Aber selbst dann könnte der Stückgutumschlag zur direkten Versorgung des umliegenden dicht bebauten Stadtgebietes an seinem heutigen Standort verbleiben. Auf lange Sicht gesehen verbleibt der Brigittenau mit dem Nordwestbahnhof ein Entwicklungsspielraum in jeder Richtung, welcher sowohl Korrekturen als auch Weiterführungen der bisherigen Entwicklungen zulässt.

Egal welche Entwicklung die Brigittenau auch nehmen wird, auf eines darf nicht vergessen werden, nämlich dass der Mensch im Mittelpunkt aller Bemühungen zu stehen hat. Denn nur eine menschengerechte, attraktive und angenehme Wohn- und Lebenssituation sichert den inneren Frieden und damit den sozialen Frieden als Basis für ein Zusammenleben der unterschiedlichsten ethnischen Gruppen und Altersklassen auf engem, städtischem Raum.

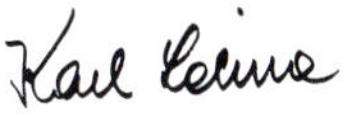

Karl Lacina, Bezirksvorsteher

Zeittafel

1439	Albrecht II. erteilt den Wienern das Recht, Brücken zu schlagen
1463/64	Bau der ersten Schlagbrücke
1485–1490	Ungarnkönig Matthias Corvinus in Wien
1529	Erste Türkenbelagerung, schwere Kämpfe auf den Donauinseln
1543–1597	Ferdinand I. lässt sämtliche Schanzen der Vorstädte in die Stadtbefestigung einbeziehen, verbessern und erweitern
1590	Durchstich des Wiener Arms bei Nußdorf
9. 4.–30. 5. 1645	Die Schweden vor Wien, Entstehung der Brigittasage
1. 7. 1651	Ferdinand III. stiftet 250 Gulden für die der hl. Brigitta geweihte Kapelle
1670	Der Name Brigittenau wird zum ersten Mal behördlich erwähnt
1683	Zweite Türkenbelagerung, schwere Kämpfe an der Wolfsschanze und der Gegend der heutigen Friedensbrücke
1688–1698	Verlegung der Wolfsbrücke stromabwärts in die Durchlaufau, Errichtung der großen Taborbrücke, Entstehung der Ortschaft Zwischenbrücken und Bau der Nepomukkapelle
1701	Neuerliche Regulierung des Wiener Arms
1809	Napoleons Truppen in Wien, Plünderung der Nepomukkapelle
26. 9. 1814	Zusammenkunft der drei Alliierten bei der Taborbrücke
um 1830	Brigittenauer Colosseum
Februar 1830	Eisstoß und Überschwemmung in der Brigittenau und Leopoldstadt

1834–1870	Universum am Tabor
6. 1. 1838	Die Kaiser-Ferdinands-Nordbahn fährt über die Donau nach Wien
1840–1842	Eine auf Holzschienen verkehrende Pferdebahn fährt von der Kavalleriekaserne zum Colosseum
1847	Bau des Hauses Wintergasse 34, später erstes Schulhaus in der Brigittenau
Oktober 1848	Revolution in Wien, Kämpfe beim Universum
9. 11. 1848	Erschießung Robert Blums im Brigittawaldl
6. 3. 1850	Die Brigittenau kommt zur Leopoldstadt
30. 1.–6. 2. 1862	Große Überschwemmung in Wien, Brigittenau, Leopoldstadt und Teile des 3. Bezirkes sind am ärgsten betroffen, Anlass für die Donauregulierung
1867–1874	Bau der Brigittakirche
1869	Beginn der Donauregulierungsarbeiten
1872	Eröffnung der Nordwestbahn
1873	Schleifung der Ortschaft Zwischenbrücken und der Nepomuk-Kapelle
1871	Brigittabrücke über den Donaukanal
1872–1874	Bau der Kaiser-Franz-Josephs-Brücke
1883/84	Bau der Kaiser-Franz-Josephs-Regierungs-Jubiläumsbrücke
7. 6. 1886	Erste Fahrt der Dampftramway von Wien nach Stammersdorf
1894–1898	Bau der Schemerlbrücke und der Kammerschleuse
28. 1. 1897	Die erste elektrische Straßenbahn fährt durch die Wallensteinstraße
1899	Hochwasser
24. 3. 1900	Die Brigittenau wird von der Leopoldstadt getrennt und wird 20. Wiener Gemeindebezirk
29. 6. 1903	Die neu renovierte Brigittakapelle wird geweiht

1904/05	Bau des Amtshauses am Brigittaplatz (Eröffnung 1906) und der Kirche am Allerheiligenplatz
15. 11. 1908	Erste elektrische Straßenbeleuchtung in der Wallensteinstraße
17. 1. 1910	Einstellung der Damptramway, sie wird vom elektrischen 31er abgelöst
1910/11	Errichtung des Gasbehälters in der Forsthausgasse und Bau des Döblinger Stegs
1911/12	Bau der Unfallversicherungsanstalt in der Webergasse
28. 6. 1913	Grundsteinlegung zum Umbau der Kaiser-Franz-Josephs-Brücke
1. 12. 1913	Eröffnung des Hannovermarktes
16.–20. 10. 1920	Hochwasser, höchster Wasserstand seit 1899
1. 1. 1922	Auflassung des seit 1867 bestandenen Linienamtes am Engels-Platz
3.–8. 2. 1922	Wieder Hochwasser, Wasserstand wie 1920
9. 11. 1922	Übergabe der Floridsdorfer Brücke für den Verkehr (Eröffnung: 25. 6. 1924)
1923/24	Errichtung der städtischen Wohnhausanlage „Robert-Blum-Hof“
1924–1926	Bau der neuen Friedensbrücke
1924/25	Errichtung der städtischen Wohnhausanlage „Winarsky-Hof“
1925	Eröffnung der Volkshochschule
30. 4. 1926	Eröffnung des Arbeiterheimes „Winarsky-Saal“, später „Kultstätte“, Kino und heute Einkaufsmarkt
1927	Eispalast in der stillgelegten Nordwestbahnhalle
19. 4. 1928	Grundsteinlegung des Lasalle-Denkmals in der Durchlaufstraße
11. 2.–15. 3. 1929	Gewaltiger Eisstoß auf der Donau
24. 2. 1930	Die Feuerwache Brigittenau übersiedelt in der Raffaelgasse

15. 2. 1932	Die 1930 begonnene städtische Wohnhausanlage am Friedrich-Engels-Platz wird fertiggestellt
11. 5. 1936	Abtragung des Lasalle-Denkmals
12.–13. 3. 1938	Anschluss Österreichs an das Deutsche Reich, die ersten deutschen Truppen kommen über die Floridsdorfer Brücke in die Brigittenau
9.–10. 11. 1938	„Reichskristallnacht", der Tempel in der Kluckygasse wird vollständig zerstört
16. 7. 1944	Die ersten Fliegerbomben treffen die Brigittenau, schwere Schäden
7. 2. 1945	Totale Zerstörung der Allerheiligenkirche, weitere Treffer auf das Amtshaus, Brigittakirche und Pfarrhof, Schulen und Wohnobjekte
12./13. 4. 1945	Brigittenau von den Russen besetzt, die 2. SS-Panzerdivision setzt sich über die Floridsdorfer Brücke ab, Sprengung der Brücke
28. 4. 1945	Die russische Kommandantur nimmt am Gaußplatz ihren Dienst auf, ein wenig später übersiedelt sie in die Karajangasse
20. 7. 1945	Die Straßenbahnlinie 31 verkehrt zwischen Friedrich-Engels-Platz und Augartenbrücke
1945/46	Wiederaufbau der Floridsdorfer Brücke, Eröffnung am 19. Mai 1946
Sommer 1946	Der Döblinger Steg wird wieder instand gesetzt
Februar 1950	Abtragung der zerstörten Schule Jägerstraße, Wiederaufbau des Amtshauses, Fertigstellung am 26. Mai 1951
1949–1951	Bau der städtischen Wohnhausanlage Kapaunplatz/Griegstraße
Juni 1952	Abtragung der zerstörten Nordwestbahnhalle, Bergung der im Wasser liegenden Teile der Nordbahnbrücke

19. 6. 1955	Gedenktafelenthüllung für den Schriftsteller Josef Delmont, Burghardtgasse 18
1955	Baubeginn der Wohnhausanlage Adalbert-Stifter-Straße/Dietmayrgase, Engerthstraße/Stromstraße (Bauteil II) und Kluckygasse 11–13, Ausbau der Brigittenauer Lände
1955	Enthüllung des Gregor-Mendel-Denkmals beim „Engels-Hof“
1956	Das Brigittaspital wird Notunterkunft für Ungarnflüchtlinge
24. 4. 1958	Weihe der wieder instand gesetzten Brigittakapelle
Mai 1958	Baubeginn der Lehrwerkstätte „Jugend am Werk“
7. 6. 1959	Gedenktafelenthüllung für den „Filmgrafen“ Alexander Kolowrat am ehemaligen Filmatelier, Pappenheimgasse 2
16. 1. 1960	Abbruch des ehemaligen Schulhauses, Wintergasse 34
17. 1. 1962	Eröffnung der Wiener Schnellbahn, Haltestelle Traisengasse
8. 2. 1962	Die Linienkapelle „Am Tabor“ wird auf die Brigittenauer Seite verlegt
16. 6. 1963	Baubeginn der Gürtelbrücke
16. 10. 1964	Feierliche Eröffnung der Gürtelbrücke und am 4. 12. 1964 der Nordbrücke
10. 3. 19675	Abbruch des alten Jägerhauses bei der Brigittakapelle
1965	Eröffnung des Dr. Adolf-Schärf-Studentenheimes
15. 11. 1967	Eröffnung der Volksschule Spielmanngasse
5. 11. 1970	Brand in der Notkirche „Eisfabrik“
9. 11. 1972	Prof. Dr. Lorenz Böhler stirbt in der 3. Abteilung „seines“ Krankenhauses
21. 3. 1975	Festsitzung anläßlich 75 Jahre Brigittenau
22. 3. 1975	Tag der offenen Tür anläßlich 75 Jahre Brigittenau, Fahrt der alten Dampftramway durch den Bezirk

13. 4. 1977	Spatenstich zum Neubau der Floridsdorfer Brücke
6. 5. 1977	Eröffnung des Gebäudes der Allgemeinen Unfallversicherungsanstalt (AUVA) in der Adalbert-Stifter-Straße
20. 11. 1977	Weihe der Pfarrexpositur „Zum göttlichen Heiland" in der Burghardtgasse
3. 10. 1978	Eröffnung der neu errichteten Floridsdorfer Brücke
4. 10. 1979	Anlässlich der 100-Jahr-Feier des TGM wird der Neubau in der Wexstraße seiner Bestimmung übergeben
24. 3. 1980	Spatenstich für die neue Brigittenauer Brücke
28. 10. 1981	75-Jahr-Feier der Pfarre Allerheiligen
20. 4. 1982	Eröffnung der Ausstellung „Stadtteilplanung Brigittenau" im Amtshaus
27. 4. 1982	Enthüllung der Gedenktafel im Schulhaus Karajangasse 16 zur Erinnerung an jene Widerstandskämpfer, die in diesem Hause festgehalten wurden
25. 10. 1982	Eröffnung der Brigittenauer Brücke
19. 4. 1983	Eröffnung des Brigittenauer Hallenbades
27. 11. 1983	Weihe der Kirche „Zum göttlichen Heiland"
5. 4. 1984	Eröffnung des Brigittenauer Bezirksmuseums in der Engerthstraße 60–74
6. 5. 1984	Feierliche Eröffnung der rechtsseitigen Donauuferpromenade
12. 10. 1984	Eröffnung des HdB 20
24. 11. 1984	Inbetriebnahme des Jugendgästehauses am Friedrich-Engels-Platz
17. 3. 1986	Gleichenfeier für die Volksschule, Kindertagesheim und Sanitätsstation in der Treustraße/Gerhardusgasse
3. 4. 1986	Sonderausstellung „Von der Dampftramway zur U-Bahn" im Bezirksmuseum
5. 9. 1986	Fertigstellung der Hochwassereinrichtungen am Brigittenauer Ufer

19. 9. 1986	Eröffnung der Kindertagesheimstätte Vorgartenstraße 35
4. 10. 1986	Weihe der Statue der hl. Brigitta von Prof. Engelbert Häupl in der Pfarrkirche St. Brigitta
12. 6. 1987	Schüler, Eltern und Lehrer sowie die Mitglieder der Brigittenauer Bezirksvertretung demonstrieren am Stubenring gegen die Einstellung der Umbauarbeiten am Gymnasium Unterbergergasse
4. 12. 1987	Inkrafttretung der verkehrsberuhigten Zone am Brigittaplatz
12. 6. 1988	Enthüllung der Gedenktafel aus Anlass der Zerstörung des Tempels in der Kluckygasse vor 50 Jahren
9. 9. 1988	Erstmalige Beleuchtung der Brigittakirche
7. 10. 1988	Eröffnung des Berufsausbildungszentrums (bfi) in der Engerthstraße
6. 12. 1988	Eröffnung des Pensionistenheimes am Brigittaplatz
16. 11. 1989	Erste Informationsveranstaltung zum U-Bahn-Bau im 20. Bezirk
24. 3. 1990	Festveranstaltung „90 Jahre Brigittenau" mit Start eines Heißluftballons am Brigittaplatz
29. 5. 1990	Beginn der Kulturwochen im Augarten, einer Initiative der Gebietsbetreuung Augartenviertel
11. 12. 1990	Gedenktafelenthüllung und Benennung der Wohnhausanlage Pappenheimgasse 31 in „Anton-Schmidt-Hof"
21. 1. 1991	Übersiedlung des Postamtes Nordwestbahnhof in die Dresdner Straße
4. 4. 1991	Gleichenfeier der Ersatz-Eishalle in der Hopsagasse
19. 4. 1991	Beschlussfassung des Bezirksentwicklungsplanes für den 20. Bezirk durch den Wiener Gemeinderat

13. 5. 1991	Spatenstich für den Bau der U-Bahn-Linie U 6 durch die Brigittenau
30. 5. 1991	Start der ersten Etappe der Österreich-Rundfahrt am Allerheiligenplatz
22. 10. 1991	Benennung der Sporthalle in der Hopsagasse in „Brigittenauer Halle“
16. 6. 1992	Ausstellungseröffnung „Wien, Stadtraum Gaußplatz“ im Zelt am Gaußplatz
5. 11. 1992	Eröffnung der Ausstellung „Ein Amerikaner in der Brigittenau“ im Bezirksmuseum Brigittenau
5. 11. 1992	„Die nächsten Jahre – Planungen im Bezirk“ Ausstellung über Oberflächengestaltung nach der Fertigstellung der U6
18. 12. 1992	Arbeitskreis „Kinderlobby“, Ausstellung „Orte des Spielens“ im Amtshaus
25. 3. 1993	Eröffnung der Ausstellung „Vom Standesamt zum Sippenamt“. Wiener im 3. Reiche. Amtshaus am Brigittaplatz
12. 5. 1993	Eröffnung der Sonderausstellung „Der heilige Nepomuk“ im Bezirksmuseum Brigittenau
22. 7. 1993	Einweihung der U6-Brücke über den Donaukanal
21. 9. 1993	Eröffnung der Außenstelle des Wiener Integrationsfonds im Amtshaus am Brigittaplatz
19. 5. 1994	Eröffnung des Bezirksmuseums Brigittenau in der Dresdner Straße 79
14. 10. 1994	Schließung der Städt. Bücherei am Brigittaplatz 1 und Übersiedlung in die Pappenheimgasse 10–16
5. 12. 1994	Eröffnung des 6. Dr. Adolf-Schärf-Studentenheimes in der Lorenz-Müller-Gasse 1A
2. 2. 1995	Info-Tage „Schöner wohnen, besser leben im 20. Bezirk“ im Amtshaus am Brigittaplatz

22. 9. 1995	Eröffnung des Ausbildungszentrums für Bau- und Holzberufe, Innstraße 27–29
27. 9. 1995	Eröffnung der Mehrzwecksporthalle Brigittenau, Hopsagasse
4. 1. 1996	26. ASKÖ-Nachwuchs-Hallenfußballturnier, Sporthalle Hopsagasse
12. 4. 1996	Eröffnung des Wohnparks „Dresdner Straße“, Dresdner Straße 38–44
4. 5. 1996	Eröffnung der Verlängerungsstrecke der U6 von Spittelau bis Floridsdorf
30. 5. 1996	Benennung der Parkanlage am Leipziger Platz in „Hugo-Gottschlich-Park“
16. 9. 1996	Eröffnung der Ganztagsschule Robert-Blum-Gasse 2
26. 9. 1996	Eröffnung des Zu- und Umbaues des Unfallkrankenhauses Lorenz Böhler
22. 10. 1996	Eröffnung der Ausstellung „ZuwanderInnen in der Brigittenau“ in der U-Bahn-Station Handelskai
2. 4. 1997	Ausstellung „Karl Friedrich Gauß“ im Bezirksmuseum Brigittenau
24. 5. 1997	ÖBB-Festveranstaltung „125 Jahre Frachtenbahnhof Wien Nordwest“ auf dem Frachtenbahnhof Wien Nordwest
6. 6. 1997	Eröffnung des „DDr. Anton-Kummerer-Parks“ zwischen Leipziger Straße und Spaungasse
29. 11. 1997	Jubiläumsveranstaltung „50 Jahre Volkshochschule Brigittenau“
6. 3. 1998	Ausstellung „Menschlichkeit kontra Schafott“ im Amtshaus am Brigittaplatz
29. 4. 1998	Eröffnung des „Skaterparks 20“, Forsthauspark
30. 4. 1998	Eröffnung des „Rudolf-Ekstein-Zentrums“ in der Jägerstraße 11–13

9. 9. 1998	Enthüllung einer Gedenktafel für Sr. Maria Restituta anlässlich ihrer Seligsprechung
24. 9. 1998	Ausstellung „Investitionen in die Zukunft“ im Amtshaus am Brigittaplatz
9. 10. 1998	Eröffnung der Volksschule „Lernwerkstatt Brigittenau“, Vorgartenstraße 50
22. 11. 1998	Eröffnungsfeier des jüdischen Berufsbildungszentrums, Adalbert-Stifter-Straße 14–18
21. 4. 1999	Eröffnung des Millennium-Towers am Handelskai

Die Bezirksvorsteher

Lorenz Müller	1900–1916
Johann Janecek	1918–1927
Michael Enengi	1927–1934
Ludwig Skokan	1934–1938
Ing. Hugo Wolf	1945
Karl Michal	1945–1954
Franz Koblizka	1954–1969
Hans Stroh	1969–1978
Anton Deistler	1978–1987
Karl Lacina	seit 1987

Denkmäler und Gedenktafeln

Adalbert-Stifter-Straße 85 – Franz-Koblizka-Hof: Gedenktafel für Franz Koblizka, der von 1964 bis 1969 Bezirksvorsteher der Brigittenau war. In seiner Amtszeit hat sich der Bezirk weitestgehend zum Wohnbezirk verändert.
Am Brigittenauer Sporn: Gedenktafel im Hauseingang des Verwaltungsgebäudes der BMV für Josef Schemerl Ritter von Leytenbach, k. k. Hofrat und Hofbauratsdirektor. Er erarbeitete 1810 das erste Projekt einer Donauregulierung, das jedoch nicht verwirklicht wurde, er starb 1844.
Brigittaplatz 1–2 – Johann-Böhm-Hof: Gedenktafel für Johann Böhm, den Mitbegründer des überparteilichen österreichischen Gewerkschaftsbundes 1945 und dessen erster Präsident.
Brigittaplatz 9 – Karl-Michal-Hof: Gedenktafel für den ersten Bezirksvorsteher nach dem Zweiten Weltkrieg, Karl Michal. Er übte diese Funktion von 1945 bis 1954 aus. In seine Amtszeit fällt der Wiederaufbau des Bezirkes.
Brigittenauer Lände 148–154 – Dr. Ellenbogen-Hof: Gedenktafel für Dr. Wilhelm Ellenbogen (geb. 1863), Arzt, Mitglied des sozialdemokratischen Parteivorstandes; nach dem Bürgerkrieg im Februar 1934 und nach dem Anschluss im März 1938 verhaftet.
Burghardtgasse 10: Gedenktafel für den Schriftsteller Joseph Delmont. In diesem Haus schreib er den Roman „Die sieben Häuser".
Denisgasse 24: Gedenktafel für Schwester Maria Restituta (Helene Kafka 1896–1943), die in der Brigittenau die Schule besuchte; sie wurde wegen ihres Widerstands gegen den Nationalsozialismus 1943 hingerichtet. Seligsprechung 1998 durch den Papst.
Denisgasse 39–41 – Grossmannhof: Die 1925/36 errichtete Wohnhausanlage trägt den Namen des kommunistischen Journalisten Oskar Grossmann. Er floh 1934 in die Tschechoslowakei, 1936 weiter nach Frankreich, wo er sich der Widerstandsbewegung anschloss. Nach einer Partisanenak-

tion im Mai 1944 wurde er schwer verwundet, von der Gestapo verhaftet und zu Tode gefoltert.

Denisgasse 54 – Plocek-Hof: Der Schlosser Johann Plocek wurde wegen Betätigung für die KPÖ im August 1942 verhaftet und mit weiteren Kollegen der Widerstandsgruppe des Straßenbahn-Betriebsbahnhofes Brigittenau im März 1943 enthauptet.

Engerthstraße 60–71 – Otto-Gratzl-Hof: Gedenktafel für Otto Gratzl, Gewerkschaftssekretär und Brigittenauer Gemeinderat.

Forsthausplatz: Statute der heiligen Brigitta, Namenspatronin des Bezirkes. Sie wurde nach Abbruch des „Familienasyls“ in der Adalbert-Stifter-Straße an dieser Stelle aufgestellt.

Friedrich-Engels-Platz 1–10: Gedenktafel für Friedrich Engels, den Schriftsteller und Arbeiterführer. Historische Hinweistafel, dass vor dem Bau des „Engels-Hofes“ sich hier ein Augebiet befand, mit Jagd und Fischerei. 1955 Enthüllung des Gregor-Mendel-Denkmals beim „Engels-Hof“.

Gerhardusgasse, Zugang zum Hannovermarkt: Gedenkstein zur Erinnerung an die Trennung der Brigittenau von der Leopoldstadt am 24. März 1900.

Hannovergasse 13–16 – Georg-Schmiedl-Hof: Gedenktafel für Georg Schmiedl, den Gründer des Touristenvereines „Die Natufreunde“.

Hellwagstraße 6: Gedenktafel für die Widerstandskämpfer Josef Baldmann und Walter Schopf. Wegen Sammlung von Geld für Familien Inhaftierter und Verbreitung illegaler Flugschriften verhaftet und 1943 hingerichtet.

Höchstädtplatz: Mahnmal der KPÖ, gestaltet von Fritz Weber und Alfred Hrdlicka. Im Zuge der Umbauarbeiten am Höchstädtplatz 1994 abgetragen und 1995 an anderer Stelle auf diesem Platz neu aufgestellt. Gedenkstein für Johann Koplenig, gestaltet von Fritz Weber und Jan Schneider. Koplenig stand 1924–1965 an der Spitze der KPÖ. Er war Mitbegründer der Zweiten Republik und Staatssekretär der provisorischen Regierung.

Jägerstraße 26: Gedenktafel Fritz Hedlich, Funktionär des Kommunistischen Jugendverbandes. 1934 verhaftet und 1944 hingerichtet.

Jägerstraße 62–64 – Johann-Kaps-Hof: Gedenktafel für den Schlosser Johann Kaps, Mitbegründer des Republikanischen Schutzbundes in der Brigittenau.

Karajangasse 16 – Gymnasium: Gedenktafel im Hauseingang zum Andenken an jene Widerstandskämpfer und Juden, die im Anhaltelager Karajangasse 14 festgehalten wurden. Beim Umbau des Gymnasiums wurde die Tafel hier angebracht.

Klosterneuburger Straße 99: Das 1960 bis 1962 erbaute Wohnhochhaus der Gemeinde Wien erhielt den Namen „Freiheitsturm". Es soll mit seinem Namen an die Opfer des österreichischen Freiheitskampfes gegen den Faschismus erinnern.

Kluckygasse 11: Eine Gedenktafel erinnert, dass sich an dieser Stelle eine Synagoge befand. In der „Reichskristallnacht" vom 9. auf den 10. November 1938 fand die Verfolgung der jüdischen Mitbürger ihren ersten Höhepunkt, als angeblich die empörte Bevölkerung – in Wahrheit war die SS dazu beauftragt – Synagogen, Tempel und Bethäuser zerstörte, Juden aus ihren Wohnungen zerrte und misshandelte. In dieser Nacht ging auch der 1898 erbaute Tempel in der Kluckygasse in Flammen auf.

Leipziger Straße 11–15 – Pokorny-Hof: Die in den Jahren 1928/29 errichtete Wohnhausanlage trägt den Namen nach dem Gemeinderat und Obmann des Brigittenauer Schutzbundes Johann Pokorny.

Leystraße 83–85 – Szydzina-Hof: Gedenktafel für Franz Szydzina, Hausmeister in diesem Gemeindebau und Mitglied des Republikanischen Schutzbundes Brigittenau, 1935 in Polizeihaft gestorben.

Nordwestbahnstraße 45: Nahezu lebensgroße Sandsteinstatue des heiligen Johann von Nepomuk. Sie wurde anlässlich der Donauregulierung 1872 vom „Äußeren Zwischenbrücken" von dem Gemeinderat Georg Adam Wallner im Hof dieses Hauses aufgestellt.

Pappenheimgasse 31/Leipziger Straße 40: Zum Gedenken an Anton Schmidt, der in Wilna rund 50 Personen, die der zionistischen Bewegung angehörten, vor dem sicheren Tod bewahrte. Ebenso half er vielen Ghettobewohnern vor Zugriffen der SS und Verhaftungen. Anton Schmidt, wohnhaft in Wien-Brigittenau, Dienstgrad Feldwebel, war Leiter der Versprengtenstelle in Wilna. Er wurde 30-jährig, 1941, zwei Tage ehe er einen Rettungstransport zusammenstellen konnte, verhaftet und zum Tode verurteilt.

Pappenheimgasse 48–52 – Karl-Michal-Hof: Gedenktafel für Karl Michal, gehörte seit 1907 dem sozialdemokratischen Bezirksvorstand an, 1934 verhaftet; nach Kriegsende wurde Michal Bezirksvorsteher der Brigittenau.

Raffaelgasse 11: Büste für Dr. Wilhelm Ellenbogen (siehe auch Brigittenauer Lände 148–154), gestaltet von Gustinus Ambrosi.

Staudingergasse 6: Gedenktafel für die Schülerinnen und Schüler des ehemaligen Jüdischen Realgymnasiums (existierte bis Ende des Schuljahres 1938/39 – heute Oskar-Spiel-Schule), die 1938–1945 verfolgt und ermordet wurden.

Staudingergasse 9: Gedenktafel für die Schriftstellerin Else Feldmann, die 1942 deportiert und im Vernichtungslager Sobibor ermordet wurde.

Stromstraße 14–16 – Johann-Kaps-Hof: Gedenktafel für den Brigittenauer Gemeinderat und Obmann des ASKÖ Brigittenau Johann Kaps.

Stromstraße 39–45 – Gerl-Hof: Gedenktafel für Josef Gerl, Mitglied der sozialdemokratischen Arbeiterjugend und des Republikanischen Schutzbundes, hingerichtet am 24. 4. 1934.

Gedenktafel für die Widerstandskämpfer Johann Sebesla, Karl Hodac und Walter Schopf, die von den Nationalsozialisten hingerichtet wurden.

Stromstraße 30–36 – Winarsky-Hof: An der Kreuzung Winarskystraße/Leystraße/Durchlaufstraße befand sich das Lasalle-Denkmal, welches 1936 abgetragen wurde.

Treustraße 76: Gedenktafel für Alexander „Sascha“ Kolowrat, den Begründer der ersten österreichischen Filmgesellschaft.

Wallensteinstraße 14: Gedenktafel für den Schriftsteller Joseph Roth, der in seiner Studienzeit in diesem Haus wohnte.

Wehlistraße 26/Friedrich-Engels-Platz: Gedenkanlage für Gregor Mendel. Augustinermönch und Botaniker. Entdecker der nach ihm benannten Vererbungsgesetze für Mensch, Tier und Pflanze.

Wexstraße 13 – Straßenbahnremise: Gedenkstein für die am 30. März 1943 hingerichteten Straßenbahner Josef Friedl, Johann Plocek, Josef Kromanik, Ludwig Kupsku, Leopold Slaby und Friedrich Stix. Sie hatten sich in den Dienst um den Kampf für ein freies Österreich und der Arbeiterbewegung gestellt und dafür mit dem Leben bezahlt. An Johann Plocek erinnert auch die nach ihm benannte Wohnhausanlage Denisgasse 54.

Winarskystraße 18 – Otto-Haas-Hof: Die 1924 errichtete Wohnhausanlage trägt den Namen des Hauptschullehrers Otto Haas, der hier auf Stiege 2, Tür 2 mit seiner Mutter und seinen Geschwistern gelebt hatte. Seit seiner frühen Jugend war Otto Haas der sozialdemokratischen Bewegung verbunden und baute in der NS-Zeit eine Organisation der Revolutionären Sozialisten mit Stützpunkten in Wien, Salzburg, Tirol und Bayern auf. 1942 wurde er von der Gestapo verhaftet und hingerichtet.

Straßen, Gassen und Plätze

Adalbert-Stifter-Straße: breite Verbindungsstraße zwischen Gürtel und Floridsdorfer Brücke, benannt nach Adalbert Stifter (1805–1868), Dichter und Schriftsteller

Adolf-Gstöttner-Gasse: nach Dipl.-Ing. Adolf Gstöttner (1847–1923), Oberbergrat und Bergbaufachmann

Adolf-Schmidl-Gasse: Adolf Schmidl (1802–1863) war ein Wiener lokalhistorischer Schriftsteller

Aignersteg/Aignerstraße: nach Josef Matthäus Aigner (1818–1886), er war Porträtmaler und Gemeinderat

Allerheiligengasse/Allerheiligenplatz: benannt nach der Allerheiligenkirche, sie stand früher auf dem Allerheiligenplatz

Am Brigittenauer Sporn: Sporn – Teilungsbauwerk

Bäuerlegasse: Adolf Bäuerle (1786–1859) war Schriftsteller und Bühnendichter, Herausgeber der „Theaterzeitung"

Brigittagasse/Brigittaplatz: zu Ehren der heiligen Brigitta, schwedische katholische Heilige, Heiligsprechung am 7. 10. 1391

Brigitta-Lände: Kaianlage zw. Nord- und Floridsdorfer Brücke

Brigittenauer Lände: ehemaliger Schiffsanlegeplatz am Donaukanal

Burghardtgasse: Bezeichnung unbekannter Herkunft

Dammstraße: Verlauf eines Hochwasserschutzdammes gegen Kaiser- und Fahnenstangenwasser

Denisgasse: nach Johann Michael Denis (1729–1800), Dichter und Bibliograf

Dietmayrgasse: nach Johann Georg Dietmayer von Dietmannsdorf (1608–1667), er war Bürgermeister von Wien

Donaueschingenstraße: Donaueschingen im Schwarzwald, Donauursprung

Donauuferbahn-Brücke: Donauuferbahn

Dresdner Straße: Dresden, Hauptstadt von Sachsen

Durchlaufstraße: topogr. Bezeichnung, Durchlaufau vor der Donauregulierung, Auwaldgebiet

Eduard-Brückner-Gasse: Eduard Brückner (1862–1927) war Prof. für Physik und Geografie an der Universität Wien, Gletscher- und Eiszeitforscher

Engerthstraße: nach Hofrat Wilhelm Freiherr von Engerth (1814–1884), Erbauer des Sperrschiffes bei Nußdorf und der Semmeringlokomotive

Floridsdorfer Brücke: topogr. Bezeichnung

Forsthausgasse/Forsthausplatz: benannt nach dem ehemaligen Forsthaus, welches neben der Brigittakapelle stand

Friedensbrücke: früher Brigittabrücke, Brigittenauer Brücke, Verlängerung der Wallensteinstraße über den Donaukanal

Friedrich-Engels-Platz: nach Friedrich Engels (1820–1895), Schriftsteller und Sozialpolitiker Deutschlands

Gasteigergasse: Hans Gasteiger (1499–1579) war Wasserbaumeister und wurde 1555 nach Wien zu Regulierungsarbeiten berufen

Gaulhofergasse: Dr. Karl Luitpold Gaulhofer (1885–1941), Initiator der österreichischen Turnerneuerung

Gaußplatz: Karl Friedrich Gauß (1777–1855) war deutscher Mathematiker, Physiker und Astronom, Grundlagen für die Vermessungstechnik

Gerhardusgasse: Gerhardus (12./13. Jh.) war Arzt und Pfarrer zu St. Stephan, Gründer des ersten Wiener Armenhauses um 1210

Goebelstraße: nach Karl Goebel (1824–1899), Wiener Aquarellmaler und Lithograf

Greiseneckergasse: Hans von Greisenecker (15./16. Jh.) war Hauptmann während der ersten Türkenbelagerung

Griegplatz/Griegstraße: nach Edward Grieg (1843–1907), norwegischer Komponist

Gürtelbrücke/Handelskai: Gürtelstraße; Schiffsanlegeplätze an der Donau, Kaianlagen, Lagerhäuser

Hannovergasse: die hannoveranische Königsfamilie flüchtete 1866 mit einem Heer als Verbündete nach Wien

Hartlgasse: Dr. Karl Hartl (1878–1941) war Magistratsdirektor und Autor der Wiener Stadtverfassung

Heinzelmanngasse: nach Johann Heinzelmann (1810–1885), Bezirksvorsteher der Leopoldstadt

Heistergasse: Siegbert Graf von Heister (1646–1718) war österreichischer Feldherr

Helgolandstraße: Admiral Tegetthoff siegte 1864 über die dänische Flotte bei Helgoland

Hellwagstraße: Ing. Wilhelm Hellwag (1827–1882) war der Erbauer der Nordwestbahn und des St. Gotthard-Tunnels

Hirschvogelgasse: nach August Hirschvogel (1503–1553), Geometer und Zeichner, von ihm stammt der erste Plan von Wien

Höchstädtplatz: siegreiches Gefecht der Österreicher über die Bayern und Franzosen 1704 unter Prinz Eugen von Savoyen bei Höchstädt a. d. Donau

Hopsagasse: Leopold Hopsa (1906–1969), Funktionär des WAT, Ehrenobmann des ASKÖ 20

Innstraße: Flussname, der Inn fließt bei Passau in die Donau

Jägerstraße: benannt nach dem Jägerhaus neben der Brigittakapelle, erste Straße in der Brigittenau

Kampstraße: Nebenfluss der Donau

Kapaunplatz: Ing. Dr. Franz Kapaun (1851–1929) war Bauleiter und Betriebsdirektor der Wr. Städt. Gaswerke

Karajangasse: Theodor von Karajan (1810–1873) war Geschichts- und Sprachforscher sowie Direktor der Hofbibliothek in Wien

Karl-Czerny-Gasse: Karl Czerny (1791–1857) war Klavierpädagoge und Komponist, großer Wohltäter Wiens

Karl-Meißl-Straße: benannt nach Karl Meißl (1829–1894), Stadtrat

Kaschlgasse: nach Franz Kaschl (1829–1906), Bürgerschuldirektor und Ortsschulratsobmann, Patronatskommissär der Pfarrkirche zur hl. Brigitta

Kirchtagsgasse/Kirchtagsplatz: Brigittakirtag (1775–1848)

Klosterneuburger Straße: das Brigittenauer Gebiet unterstand ursprünglich dem Stift Klosterneuburg

Kluckygasse: nach Dr. Josef Klucky (1807–1878), Arzt, Gemeinderat und Ehrenbürger der Stadt Wien

Kornhäuselgasse: der Wiener Architekt Josef Kornhäusel (1782–1860) erbaute u. a. das alte Amtshaus in der Leopoldstadt, die Synagoge in der Seitenstettengasse und die Weilburg in Baden bei Wien

Kunzgasse: Maria Cäcilie Kunz (1776–1863) stiftete 230.000 Gulden für Pfründner

Leipziger Straße/Leipziger Platz: zur Erinnerung an die Völkerschlacht bei Leipzig, 1813

Länden: Oberlände, Brigitta-Lände, Nordbahn-Lände, Brigittenauer Lände; Landungsplätze an den Ufern des Donaustroms und des Donaukanals

Leithastraße: Nebenfluss der Donau

Leystraße: Konrad Ley (1801–1881) war Bezirksvorsteher der Leopoldstadt

Lorenz-Böhler-Gasse: nach Univ.-Prof. Dr. Lorenz Böhler (1885–1973), „Vater“ der Unfallchirurgie

Lorenz-Müller-Gasse: nach Lorenz Müller (1862–1922), Bäckermeister und Gemeinderat, erster Bezirksvorsteher der Brigittenau

Luntzgasse: Viktor Luntz (1840–1903) war Architekt und Baumeister und beim Bau der Reichsbrücke tätig

Marchfeldstraße: nach dem Marchfeld benannt

Meldemannstraße: Nikolaus Meldemann (15./16. Jh.) war Kartograf aus Nürnberg und zeichnete 1529 die „Rundansicht von Wien“

Mortaraplatz: Sieg der Österreicher unter Erzherzog Albrecht 1849 über die Piemontesen in der Lombardei

Nordbahnbrücke: Donaustrombrücke der Nordbahn

Nordbrücke: Donaustrombrücke der Nordautobahn

Nordbahnstraße: Nordbahnhof

Nordwestbahnstraße: Nordwestbahnhof

Ospelgasse: nach Anton Ospel (1677–1756), Baumeister, baute u. a. die Kirche St. Leopold und das Zeughaus am Hof

Othmargasse: nach Othmar Ritter von Rauscher (1797–1875), Kardinal und Fürsterzbischof von Wien

Pappenheimgasse: Gottfried Heinrich Graf von Pappenheim (1594–1632) war kaiserlicher Reitergeneral (Ausspruch „Die Pappenheimer!“)

Pasettistraße: Florian Ritter von Pasetti (1793–1875) war Mitglied der Donauregulierungskommission

Perinetgasse: nach Joachim Perinet (1767–1816), Wiener Volksdichter und Schauspieler, Auftritte u. a. im Leopoldstädter Theater

Petraschgasse: Hugo Petrasch (1815–1902), Gemeinderat

Pielachgasse: Nebenfluss der Donau

Pöchlarnstraße: nach dem Ort Pöchlarn a. d. Donau

Raffaelgasse: Raffaelo Santi (1483–1520), italienischer Maler der Renaissance

Rauscherstraße: siehe Othmargasse

Rebhanngasse: Hofrat Dr. Ing. Georg Rebhann Ritter von Aspernbruck (1824–1892), Professor an der Technik, Erbauer der ehemaligen Aspernbrücke

Robert-Blum-Gasse: Robert Blum (1807–1848) war Schriftsteller und Mitglied der Frankfurter Nationalversammlung, er wurde 1848 wegen der Teilnahme an der Revolution in der Brigittenau standrechtlich erschossen

Romanogasse: Architekt Johann Romano Ritter von Ringe (1812–1882) war Erbauer der Wiener Ringstraße

Sachsengasse/Sachsenplatz: nach der Schlacht bei Königsgrätz (1866) zogen sich die Verbündeten Sachsen nach Wien zurück

Salzachstraße: Nebenfluss der Donau

Schemerlbrücke: nach Josef Schemerl Ritter von Lexthenbach (1752–1837), Direktor des Hofbauamtes

Schongauergasse: Martin Schongauer (1450–1491) war Maler und Kupferstecher

Schottenaustraße: weites Augebiet im Besitz des Schottenstiftes

Spaungasse: Anton Ritter von Spaun (1790–1849) war Geschichtsforscher
Spielmanngasse: Grillparzers Novelle „Der arme Spielmann", Brigittakirtag
Staudingergasse: nach Josef Staudinger (1811–1882), Hausbesitzer, Tierhändler und Gemeinderat der Leopoldstadt
Streffleurgasse: nach Valentin Ritter von Streffleur (1808–1870), Oberkommandant der Wiener Nationalgarde (Juli–Oktober 1848), Lehrer von Erzherzog Franz Joseph, dem späteren Kaiser
Stromstraße: topogr. Bezeichnung, Donaustrom
Taborstraße: Tabor = Befestigung, Bollwerk, Brückenkopf
Traisengasse: Nebenfluss der Donau
Traunfelsgasse: Hofrat Josef Stummer von Traunfels (1808–1891), Architekt und Professor an der Wiener Technik
Treustraße: Anton Treu (auch Trey, gest. 1845) war Mauteigentümer in der Brigittenau
Universumstraße: Universum, Vergnügungsstätte
Unterbergergasse: Michael Unterberger (1695–1758) war Maler des späten Barocks, Direktor der Kunstakademie
Vorgartenstraße: erstmalige Anlage von Hausvorgärten in Wien
Waldmüllergasse: nach Ferdinand Georg Waldmüller (1793–1865), österreichischer Landschaftsmaler, Direktor der Kunstakademie
Wallensteinstraße/Wallensteinplatz: Albert Wenzel Eusebius von Wallenstein, Herzog von Friedland (1588–1634) war kaiserlicher Generalissimus in der Zeit des Dreißigjährigen Kriegs
Wasnergasse: Josef Wasner (1815–1881), Schiffsmeister und Hausbesitzer, Wohltäter und Gemeinderat der Leopoldstadt
Webergasse: Johann Baptist Weber (1787–1848) war Pfarrer in der Leopoldstadt und Gründer der Ersten österreichischen Sparcasse
Wehlistraße: nach August Freiherr Ritter von Wehli (1810–1892), Sektionschef und Vizepräsident der Donauregulierungskommission
Wenzelgasse: nach Herzog Wenzel I. von Böhmen (921–929), später heilig gesprochen

Wexstraße: Hofrat Gustav Ritter von Wex (1811–1895), Mitglied der Donauregulierungskommission
Winarskystraße: Leopold Winarsky (1873–1915), erster sozialdemokratischer Gemeinderat des 20. Bezirkes und Führer der Arbeiterbildungsbewegung in der Brigittenau
Wolfsaugasse: topogr. Bezeichnung, Teil des Augebietes
Württemberggasse: Herzog Ferdinand Friedrich August von Württemberg (1763–1834), Feldmarschall
Zrinyigasse: Nikolas Graf von Zrinyi (1508–1566), Verteidiger der Festung Szigethvar in Ungarn gegen die Türken

Umbenannte Straßen einst und jetzt

Alleegasse	Klosterneuburger Straße
Donaustraße	Teil der Gerhardusgasse
Feikestraße	Stromstraße
Feldgasse	Teil der Raffaelgasse
Freibadgasse	Hartlgasse
Gärtnergasse	Teil der Wallensteinstraße
Jakobgasse	Teil der Pappenheimgasse
Kaiserplatz	Friedrich-Engels-Platz
Kleine Gärtnergasse	Zrinyigasse
Kolpingstraße	Winarskystraße
Kremser Straße	Teil der Hellwagstraße
Mathildenplatz	Gaußplatz
Pater-Abel-Platz	Friedrich-Engels-Platz
Radetzkygasse	Teil der Leipziger Straße
Schwedengasse	Teil der Lorenz-Müller-Gasse
Straußgasse	Adolf-Gstöttner-Gasse
Wintergasse	Hartlgasse

Register

Der Verein Bezirksmuseum Brigittenau dankt den Autoren für ihre Mitwirkung.

Gerhard Blöschl, Ing., geboren 1959 in Wien, Bauingenieur bei der Stadt Wien. Von 1979 bis 1997 im U-Bahn-Bau eingesetzt, davon fast sieben Jahre im Rahmen der U6-Verlängerung in der Brigittenau. Seit 1998 bei den Wiener Stadtwerken Beteiligungsmanagement GmbH im Baumanagement tätig.

Werner Brunner, geboren 1942 in Wien, wohnhaft in der Brigittena, ist seit vielen Jahren in der Buchbranche als Vertriebsleiter, Marketingleiter und Verleger tätig. Seit 1996 selbstständiger Verlagsberater und geschäftsführender Gesellschafter eines auf Marketing und Werbung für Bücher spezialisierten Unternehmens. Seit vierzig Jahren ehrenamtlicher Mitarbeiter in einer Brigittenauer Sportorganisation.

Beim Kapitel FREIZEIT wurde er von Bezirksrätin **Traude Gmoser** und vom Vorsitzenden des Kulturforums Brigittenau, Bezirksvorsteher a. D. **Otto Müller** unterstützt.

Hans-Jörg Hansely, sozialwissenschaftlicher Sachbearbeiter, im Referat Stadtforschung und EU-Angelegenheiten der Magistratsabteilung 18 – Stadtentwicklung und Stadtplanung tätig.

Roland Peter Herold, geboren 1941 in Wien, Vermessungstechniker, Leiter des Bezirksmuseums Brigittenau und des Heimatmuseums Kaumberg, NÖ. Vorstandsmitglied des Vereins „Kulturforum Brigittenau" und langjähriger Referent der Volkshochschule Brigittenau. 1983 Verleihung des Verdienstzeichens des Verbandes Wiener Volkshochschulen. Autor zahlreicher Publikationen und Bücher, u. a. „Brigittenau. Von der Au zum Wohnbezirk".

Ferdinand Klasz, Ing., geboren 1947 in Wien, Absolvent der HTL Wien 1, Schellinggasse, Beamter der Stadt Wien. Von 1969 bis 1997 im Wiener

U-Bahn-Bau tätig, davon in den letzten sieben Jahren als Bauabschnittsleiter des Bauabschnittes U6/13 „Dresdner Straße“. Seit 1998 bei der BMG (Beteiligungsmanagement GmbH), einem Teilunternehmen der Wiener Stadtwerke als gewerberechtlicher Geschäftsführer und Leiter des Baumanagements.

Irene Kunze, Dr. phil., geboren 1946 in Wien, Historikerin. Seit 1974 als Verlagslektorin tätig, Herausgeberin und Autorin mehrerer Bücher; Herausgeberin des vorliegenden Buches.

Luzian Paula, Dipl.-Ing. Dr. techn., geboren in Wien-Landstraße, lebt in Österreich. Ziviltechniker, Ingenieurkonsulent für Raumplanung und Raumordnung mit Kanzleisitz in Wien, Regional-, Stadt- und Bezirksentwicklungsplanung.

Peter Payer, Mag. Dr. phil., freiberuflicher Historiker und Stadtforscher. 1994 bis 1997 Mitarbeiter der Gebietsbetreuung Wien-Brigittenau. Diverse Publikationen, Ausstellungskataloge und Forschungsprojekte zur Bezirksgeschichte der Brigittenau und zur Stadtgeschichte von Wien, u. a.: „Jüdische Brigittenau. Auf den Spuren einer verschwundenen Kultur“ (1995), „Zwischenbrücken. Beiträge zur Geschichte des XX. Bezirks“ (1997), „Die Geschichte der Kinos im 20. Bezirk“ (1999).

Barbara Szerb-Mantl, Mag., Sonderschullehrerin, Beratungslehrerin, Ethnologin und freiberufliche Supervisorin. Seit Juli 1993 beim Wiener Integrationsfonds in der Außenstelle Brigittenau tätig.

Regine Wessig, Dipl.-Ing., geboren und wohnhaft in Wien, verheiratet und zwei Kinder. Studium der Raumplanung und Raumordnung an der TU Wien, arbeitet freiberuflich für die Stadt- und Raumplanung in Wien und im Umland.

Der Verein Bezirksmuseum Brigittenau dankt folgenden Unternehmen für ihre Unterstützung:

Der Verein Bezirksmuseum Brigittenau dankt folgenden Unternehmen für ihre Unterstützung:

Der Verein Bezirksmuseum Brigittenau dankt folgenden Unternehmen für ihre Unterstützung: